Eckhard Lange

# LÜBECK GANZ IN ROT

## Backstein und Ziegel, Terrakotta und Klinker

Dieses Buch verdankt sein Erscheinen einem großzügigen
Druckkostenzuschuß der Posseht-Stiftung

***Bibliographische Information der Deutschen Nationalbibliothek***
Die Deutsche Nationalbibliothek verzeichnet diese Publikation in der Deutschen Nationalbibliothek; detaillierte Daten sind im Internet über http://dnb.d-nb.de abrufbar.

***Impressum***

Eckhard Lange – Fliederstr. 4 – 23558 Lübeck
Mail: Eckh.Lange@web.de

Printed in Germany
Gesamtherstellung: Max Schmidt-Römhild GmbH & Co. KG, Lübeck
Gestaltung: Grafikstudio Schmidt-Römhild
ISBN 978-3-7950-5273-7

# INHALTSVERZEICHNIS

# A. Die Geschichte des Ziegelsteins – bevor er nach Lübeck kam

## 1. *Die Hochkulturen im Vorderen Orient*

Daß man Ton und Lehm brennen und damit hart und fest machen konnte, hatten die Menschen schon vor vielen tausend Jahren entdeckt: Schon vor 25.000 Jahren hatten Mammutjäger kleine Figuren aus Lehm gebrannt, und um 12.500 vor unserer Zeitrechnung entstanden die ersten Töpfe aus gebranntem Ton. Aber Keramik ist das eine, der Ziegelstein etwas anderes, und auf ihn müssen wir noch runde 5.000 Jahre warten.

In Jericho fand man in einer Siedlung luftgetrocknete Lehmziegel, deren Alter mit etwa 7.500 v. Chr. angegeben wird, die vielleicht ältesten überhaupt. Aber auch in Cayönü, im östlichen Anatolien wurde ein jungsteinzeitlicher Siedlungsplatz etwa aus der gleichen Zeit ausgegraben, und dort fanden sich nicht nur Häuser mit Steinmauern, sie besaßen auch ein Obergeschoß. Und das war aus getrockneten Lehmziegeln. Geformt waren sie noch mit Hand und damit ziemlich ungleich.

Es sollte noch gute tausend Jahre dauern, bis eine neue Erfindung den Ziegel revolutionierte: Das hölzerne Model, das gleichsam die Serienproduktion in stets gleichen Abmessungen erlaubte. Diese Idee hatten die Leute

in Mesopotamien, im Zweistromland an Euphrat und Tigris. Ohne sie wäre ein Monumentalbau auch kaum denkbar, wie zum Beispiel der künstlicher Tempelberg in Ur. Er hatte eine Basislänge von 62,5 × 43 Metern und eine Höhe von 25 Metern. Es war ein massiver Bau aus Lehmziegeln, aber sie waren mit 2,5 m dicken Mauern aus gebrannten Ziegeln ummantelt.

Also wieder eine Neuerung auf dem Weg zu unserem Backstein: Jetzt mußten die Ziegel nicht für längere Zeit auf freiem Feld liegen, um von Sonne und Luft getrocknet zu werden, sondern sie wurden, ähnlich der Töpferware, im Ofen gebrannt und damit gehärtet. Man datiert diese Erfindung auf etwa 4.000 vor Chr. Gebrannte Ziegel haben viele Vorteile: Vor allem sind sie immun gegen Wasser und Regen, aber sie können auch einen weitaus größeren Druck aushalten. Dabei war die Herstellung gebrannter Mauerziegel nicht nur aufwändig, sondern auch zeitraubend. Zunächst wurde der Ton bzw. Lehm soweit angefeuchtet, daß er geschmeidig wurde. Dann mußte er einen Winter lang ausfrieren, um feinkörnig zu werden. Erst danach kann die Masse durch Zugaben aufbereitet werden, bevor sie in die Form gegeben wird. Diese einzelnen Ziegelsteine müssen nun wieder wochenlang an der Luft trocknen, da eingeschlossenes Wasser sie beim Brennen sprengen würde. Erst danach kann man sie in einem Ofen stapeln und entsprechend erhitzen. Auch das Abkühlen darf nicht zu schnell gehen. Also bis zum Beginn des Industriezeitalters ein zeitraubender Vorgang.

Auch im Pharaonenreich wurden Ziegel hergestellt. Man nutzte dort allerdings weniger reinen Lehm als vielmehr den lehmigen Schlamm des Nils. Sobald sich die Nilschwemme zurückzieht, fallen weite Teile des Flußbetts trocken – der gewünschte Rohstoff liegt frei. Man muß ihn magern, mit Sand versetzen und Stroh dazugeben.

Kehren wir an den Euphrat zurück: Aus Grabungsfunden kann man im Berliner Pergamon-Museum das Ischtar-Tor bewundern. Der Erbauer, König Nebukadnezar hat das Besondere daran selbst in einer Inschrift festgehalten: „Das Tor der Ischtar habe ich mit blau glasierten Steinen … gebaut." Glasierte Ziegel – das war die letzte große Erfindung in der Geschichte des Backstein, die der Vordere Orient uns hinterlassen hat.

Seit langem nutzte der Mensch bereits den Ziegelstein für den Bau der Hauswände, für die Dächer aber war immer noch anderes Material angesagt: Soweit die Häuser nicht mit Flachdächern aus gestampftem Lehm geschlossen wurden, deckte man die Dachschrägen wie seit alters her mit Stroh und Schilf, mit Blattwerk oder Grassoden und später auch mit Holzschindeln. Wo und wann zum ersten Mal ein Dachziegel erfunden wurde, darüber streiten die Gelehrten. Eins aber ist sicher: um 2.300 v. Chr wurden in Griechenland, in Miloy bei Argos, Dachziegel hergestellt.

## 2. *Das römische Imperium – ein Weltreich des Ziegelsteins*

Ziegel wurden zwar stets und an vielen Stellen gefertigt und verbaut, aber erst die Römer haben dem Ziegelbau zur Weltgeltung verholfen. Jedes römische Kastell hatte auch eine Feldziegelei für den eigenen Bedarf.

Wo auch immer die römische Verwaltung Städte schuf, stets waren es Ziegelbauten – auch wenn Tempel und Kommandanturen gerne mit Marmor verkleidet wurden oder doch aufgetragener Putz für Farbe sorgte. Meist wurden schmale Ziegelreihen zu beiden Seiten in der Mitte mit Ziegelbruch und viel Mörtel gefüllt. Die glatten Außenwände konnten dann verputzt und bemalt werden.

Ein Beispiel ist die Trierer Basilika, die einstige Festhalle Kaiser Konstantins und der größte, vollständig aus Mauerziegeln errichtete römische Bau nördlich der Alpen, der uns erhalten blieb. Ursprünglich war er außen verputzt und innen mit Marmorplatten verkleidet. Heute liegt der Ziegelbau frei, aber ein Putzrest im Portal zeigt, daß die Ziegel einst unsichtbar waren.

Römische Ziegel sind wesentlich flacher als unser Backstein, dafür ist die Mörtelschicht eher dicker. Dort, wo die Ziegel sichtbar blieben, hat man gerne Tuffsteinschichten zwischen die Ziegelreihen gelegt und so der Wand ein abwechslungsreicheres Aussehen verliehen.

Eine Besonderheit, die dann auch an romanischen Bauten des Mittelalters aufgenommen worden ist, ist die Gestaltung der Oberfläche durch Schraffuren und Ritzungen. Die Frage stellt sich, ob dies eine Verzierung darstellen sollte (was angesichts der häufigen Verputzung eher unwahrscheinlich ist) oder einen praktische Zweck erfüllte, nämlich dem Putz einen besseren Halt zu bieten.

Auch für die Dachziegel haben die Römer eine allgemein gültige Lösung gefunden. Das System bestand aus zwei verschiedenen Teilen: Einer flachen Platte mit an den Seitenrändern hochgezogenen Kanten, der Tegula (Übrigens das Herkunftswort für unseren heutigen Begriff Ziegel, sowie auch unser Wort Mauer vom lateinischen murus abstammt). Über zwei aneinanderstoßende tegulae wurde eine halbrunde Form gelegt, die imbrex, damit kein Wasser in die Fuge dringen konnte.

## 3. Der Beginn der Ziegelbauweise im Heiligen römischen Reich deutscher Nation

Sowohl in den slawischen als auch in den germanischen Siedlungsgebieten hatten Häuser und Hütte keine Mauern, sondern Wände – also zwischen dem tragenden Gerüst aus Holz um Stangen geflochtene („gewundene") Weidenruten in den einzelnen Gefachen. Zwar gab reichlich es Lehm und Ton in Flußtälern und der Tiefebene, doch nutzte man ihn nur, um diese Wände abzudichten.

Es war vor allem Heinrich der Löwe, Herzog von Sachsen, der in der Lombardei den Ziegelbau kennenlernte, und so kamen lombardische Mönche als Baumeister nach Norddeutschland und brachten die Kunst des Ziegelbrennens hierher. Und es waren vor allem Kirchen und Klöster, die nun aus Backstein errichtet wurden. Ein Beispiel für einen der ersten Backsteinbauten im norddeutschen Raum ist etwa die Kirche des Missionsklosters Jerichow, deren Bau 1149 begonnen wurde.

Die Dome in Ratzeburg und Lübeck, die Bischofskirchen in den neuen, von Heinrich gegründeten Bistümern, sind dagegen die ersten monumentalen Großbauten in dem neuen Material.

# B. Lübeck im Mittelalter – die Backsteinarchitektur der Romanik

## 1. *Der Dom von Lübeck, eine romanische Backsteinbasilika*

Als Mitte des 12. Jahrhunderts die deutsche Kaufmannsstadt auf dem Hügel Buku gegründet wurde, war es eine hölzerne Stadt und unterschied sich nur durch ihre Ausdehnung von den Dörfern der Sachsen und der Slawen. Auch die ersten Kirchen waren fast durchweg kleine Holzbauten. Nachdem das Bistum von Oldenburg nach Lübeck verlegt wurde, gab es am Südrand des Stadthügels nur eine einzige kleine, aber bereits steinerne Kirche: St. Johannes auf dem Sande, die Bischof Gerold und seinem Nachfolger Konrad als Wirkungsstätte zur Verfügung stand, wahrscheinlich aber als Taufkirche errichtet wurde, was auch das Patronat des Täufers Johannes nahelegt. Sie war 1150 noch vom greisen Bischof Vicelin geweiht worden. Gut zehn Jahre später wurde daneben ein erster – wiederum nur hölzerner – Dom geweiht, diesmal vom Bremer Erzbischof und vom Sachsenherzog.

Doch dann begann Heinrich auch hier ein gewagtes Bauwerk: Ein neuer Dom sollte nicht nur mit Backsteinen gebaut werden, sondern auch in einer für dieses Material unerhörten Größe, um mit Sandsteinbauten wie dem Braunschweiger Dom konkurrieren zu können. Sandsteinquadern gab es hier nicht, so schuf man ein Fundament aus Granitfindlingen, die die gewaltige Last meterdicker Ziegelmauern tragen sollten – auch das ein gewagtes Unterfangen, da niemand Erfahrung mit solchen Bauwerken hatte.

So reiste der Sachsenherzog mit großem Gefolge zum 24. Juni 1173, dem Festtag Johannes des Täufers, nach Lübeck, denn dort harrten zwei wichtige Aufgaben. Zum einen sollte mit dem Braunschweiger Abt Heinrich ein neuer Bischof geweiht werden – Konrad war 1172 auf einer Pilgerreise ins Heilige Land als Begleiter des Löwen verstorben – zum anderen aber wollte er feierlich den Grundstein für diesen neuen Dom legen, und zu beidem kamen illustre Gäste: der Bremer Erzbischof Hartwig ebenso wie die Nachbarbischöfe Benno aus Schwerin und Evermod aus Ratzeburg.

Herzog Heinrich, sonst eher als geizig bekannt, hatte zudem eine schöne Urkunde im Gepäck, in der stand, daß er dem Dom jedes Jahr einhundert Mark Silber stiften werde.[1]

Den Rest mußten der Bischof und die Herren seines Domkapitels allerdings selbst aufbringen, schließlich hatte er seinen oft widerspenstigen Lehnsmann, den Grafen Adolf II. von Holstein, genötigt, der hohen Geistlichkeit die Einkünfte mehrerer Dörfer in der Umgebung zu überlassen. Außerdem gab es so manche arme Seele, die sich die göttliche Gnade durch eine ansehnliche Spende für den Bau des Domes zu erkaufen dachte.

Wer in den ersten beiden Jahrzehnten nach seiner Weihe 1247 den Dom betrat, dem bot sich allerdings ein anderer als heute. Wo sich jetzt weite und hohe Arkaden zu den Seitenschiffen hin öffnen, stützte einst ein schmaler, niedriger Zwischenpfeiler eine hohe Wand, in der sich rundbogige Fenster nach außen hin öffneten. Die Romanik war das Zeitalter einer mystisch überhöhten Geometrie: Auch der Dom beruhte auf deren zwei Grundformen: dem Quadrat und dem Kreis – dem Abbild der irdischen Welt mit ihren vier Himmelrichtungen und dem des wahren Himmels mit dem Kreis, Symbol der Ewigkeit, unendlich in seinem Verlauf. Nicht nur die Joche des Mittelschiffs, auch die der Seitenschiffe beruhten ja auf Quadraten, und die Bögen der Arkaden, der großen im Joch und der kleineren hin zu den Seitenschiffen, bestanden ebenso aus Halbkreisen wie die Grate der Gewölbe.

Wie die anderen vom Herzog gestifteten Dome, sollte auch der Lübecker ein Westwerk mit zwei Türmen erhalten. Und entsprechend der üblichen Form einer Bischofskirche war eine dreischiffige Basilika im sog. gebundenen System geplant: Die vier Joche des Langschiffs waren ebenso quadratisch wie die östlich anschließende Vierung, die mit je einem Joch an beiden Seiten das Querschiff bildete, alle in gleicher Höhe wie das Mittelschiff. Der Chorraum war ein weiteres Quadrat mit einer

[1] Das wäre, ungefähr nach den heutigen Silberpreisen berechnet, ein Baukostenzuschuß von 15.000 Euro. Doch das sagt nichts über die Kaufkraft von mehr als 23 Kilogramm des Edelmetalls in damalige Zeiten.

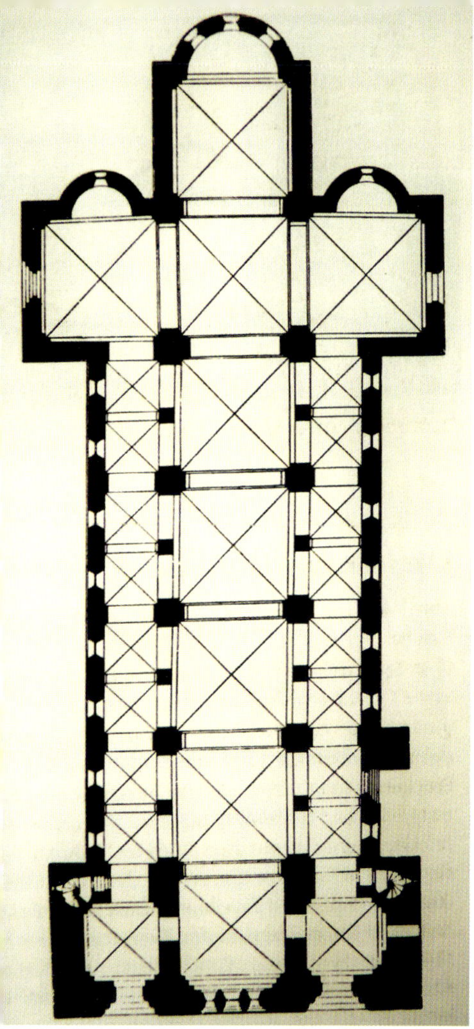

abschließenden halbrunden Apsis. Auch die Querschiffe erhielten östliche Apsiden. Die Seitenschiffe des Langhauses fielen dagegen recht niedrig aus. Sämtliche Joche wurden mit einem Kreuzgratgewölbe abgeschlossen, auch dies ein Wagnis bei dem Baumaterial, war es doch kaum hundert Jahre her, daß man solch weite Räume wie etwa im Dom von Speyer zu überwölben lernte, allerdings mit Steinquadern statt dem wesentlich kleineren Backstein. Immerhin wies das Mittelschiff eine Höhe von 21 Metern auf, der gesamte Bau sollte 92 Meter lang werden.

In den Jahrzehnten danach wuchs also langsam ein gewaltiger Ziegelbau heran. Da auch beide Türme auf quadratischem Grundriß stehen, ragen sie über die Bauflucht der Seitenschiffe hinaus. 36 Meter breit ist diese Doppelturmfront, rund 60 Meter waren es bis zur Traufe der Satteldächer. Das Joch dazwischen sollte der nun in den Dom integrierten Gemeinde dienen, die vorher die dem Hl. Johannes geweihte Kirche genutzt hatte. Fast winzig nehmen sich die Rundbogenfenster in der Masse dieses Mauerwerks aus, aber eben auch zierlich, vor allem die Doppelfenster mit ihren dünnen Säulen, auch sie aus Backstein, unter einer Rundbogenblende.

Der Innenraum – Wände und Pfeiler – war schon damals wohl nicht ziegelsichtig, sondern wurde mit Kalk weiß geschlämmt. Ein Sakralbau konnte eigentlich nur mit „richtigen" Steinen aufgeführt werden, deshalb wurde der Anblick eines künstlichen, aus vergänglichem Material hergestellten Steins verleugnet. Wie noch heute in St. Marien und St. Katharinen zu besichtigen, wurden auf diese weiße Deckschicht oft auch noch die Fugen, wie sie die Hausteinquader aufweisen würden, aufgemalt.

Das änderte sich bereits gut zwanzig Jahre später, denn nun ließ Bischof Johannes von Tralau seine Kirche zu einer gotischen Halle umbauen, damit sie der gerade umgebauten Bürgerkirche St. Marien nicht nahstehen sollte. Da der Grundriß erhalten werden mußte, blieben auch die Seitenschiffe schmal, wurden aber auf gleiche Höhe wie das Mitteschiff hochgezogen und nun mit einem spitzen Gewölbe im Sinne der Gotik geschlossen. Der Obergaden des Langhauses war damit überflüssig geworden, und mit ihm die Zwischenpfeiler., die ihn abstützten Also riß man beide heraus, um so den Blick zwischen den Schiffen freizugeben. Die Arkaden zwischen den Hauptpfeilern wurden dabei auf gleiche Höhe mit den Jochbögen angehoben und verliehen dem Bau eine ungewohnte Weite.

## 2. Der Bauschmuck der Romanik am Beispiel des Domes

Bleiben wir zunächst bei der Gestaltung des Innenraums: Eigentlich ist er völlig schmucklos, alle Bauelemente sind rein funktional. Die Wände sind flächig, die Fensteröffnungen gerade oder schräg eingelassen. Die Pfeiler sind im Grund nur Teile einer durchbrochenen Wand, wie in der Romanik üblich auch im Dom quadratisch und in sehr knapper Kreuzform gestaltet. Um die Gurtbögen aufzunehmen, haben sie Vorlagen im oberen Bereich, auch deren Konsolen bleiben ohne besonderen Schmuck.

Auch äußerlich wirkt der Bau noch weitgehend schmucklos. Erst nach und nach fanden die Baumeister Wege, auch mit der bloßen Lage des Ziegels Friese und sogar Flächen zu gestalten – so wie es aus Norditalien übernommen wurde. Die einfachste Schmuckform ist der Zackenfries, auch Deutschen Band genannt. Wir finden ihn zum Beispiel am Giebel des nördlichen Querschiffs: Ein Lage Backstein wird einfach übereck gestellt, so daß zwischen ihnen ein triangelförmiger Hohlraum entsteht und damit ein sichtbarer Wechsel von Stein und Schatten. Ebenfalls allein mit den vorhandenen Ziegeln geformter Schmuck findet sich an den

Domtürmen: der Rautenfries: Die Backsteine werden einfach schräg und mit ihrer Schmalseite eingefügt, ohne daß dabei besondere Formsteine erforderlich sind. So bilden sie eine Raute, deutlich sichtbar, wenn die Flächen dazwischen weiß geschlämmt oder mit Gips verputzt werden. Eine Erweiterung ist der Kreuzrautenfries, wie er am Norderturm zu sehen ist: Ein breites Band aus übereinanderliegenden Rauten, ein typisch romanisches Schmuckelement.

Es ist also möglich, noch aus diesem spröden Material aus Ton einfachen Formen zu gestalten. Aber dann werden auch besondere Formsteine gefertigt, zum Beispiel als Halbbögen. So finden wir am Süderturm im oberen Bereich ein Rundbogenfries, darunter sogar ein Kreuzbogenfries, in dem die Bögen ineinandergefügt sind. Verbunden mit einem schmalen Sims gliedern sie den Turm in die einzelnen Stockwerke. Was wir am Dom beobachten, finden wir auch an den anderen Kirchen wieder, dort auch verstärkt durch gotische Friese.

Schon in der Lombardei als römisches Erbe hochentwickelt, kam es nun nach und nach auch nach Norddeutschland: Die Verwendung des Tons in besonders geformten Modeln oder das Glasieren der Ziegel. Davon wird später noch ausführlicher zu berichten sein.

## 3. *Backsteinromanische Spuren in der Stadt*

Es gibt nur sehr wenige Zeugnisse von Backsteinbauten im Stil der Romanik im Lübecker Stadtbild, das meiste wurde in der Gotik überbaut oder ersetzt. Doch wer mit aufmerksamem Blick in der Altstadt umherwandert, wird einiges dennoch entdecken können. Beginnen wir mit der anderen, stets mit dem Dom konkurrierenden Bürger- und Ratskirche am Markt, ***St. Marien***. Auf den ersten Blick eine hochgotische Basilika, dem Vorbild der großen Kathedralen in der Isle de France nachempfunden. Doch der zweite Blick erzählt uns vom Vorgängerbau aus romanischer Zeit.

Auch er als Basilika begonnen, doch damals noch mit einem Turm versehen. Und er existiert immer noch, allerdings jetzt nur noch als Mittelteil zwischen den beiden Türmen, doch deutlich unterschiedlich mit den kleinen Fenstern im massiven Mauerwerk. Man ließ ihn einfach stehen, nutzte seine Außenwände als Grundlage für die nach innen gewandten Außenmauern der beiden neuen Türme.

Auch im Inneren begegnet uns noch ein Pfeiler der ersten romanischen Kirche: Wenn man vom Markt her die Kirche betritt und Querschiff und Seitenschiff durchquert, entdeckt man linker Hand ein Pfeilerpaar, das sich von allen anderen durch seine Kompaktheit unterscheidet. Warum es erhalten blieb, erklärt die Baugeschichte. Als der Rat beschloß, die frühgotische Halle, die noch unvollendet war, in eine hochgotische Basilika zu verwandeln, errichtete er zunächst den weiten, lichten Chor mit schlanken Säulen, so hoch, daß der Bau schon damals in seiner Statik gefährdet war. Also wählten die Baumeister beim Langhaus kräftigere Pfeiler, um das Mittelschiff in gleicher Höhe zu bauen. Man arbeitete sich von Westen her vor, doch dann wagte niemand, den letzten Pfeiler aus der alten Kirche zu entfernen. So blieb er, niedrig und gedrungen, als eine Art Grenzstein zwischen den beiden gotischen Teilen, nur mühsam angepaßt an die neue Höhe der Gewölbe. So läßt sich bis heute die Höhe des romanischen Mittelschiffes erahnen. Und das mutet uns recht niedrig an, verglichen mit dem kühnen Neubau.

Nur wenige Schritte sind es von St. Marien zum ***Rathaus***, und auch hier bedarf es des geschulten Blicks, um einen letzten Rest des romanischen Giebels zu entdecken, der sich in der mächtigen gotischen Schauwand zum Markt hin versteckt. Halb verdeckt vom Dach des ‚Danzelhuses' oder langen Hauses, das den Markt von der Breiten Straße trennt, erkennen wir drei aufsteigenden Rundbogenblenden, abgesetzt auch durch den Wechsel von rauen und glasierten Backsteinen, in die die Gotik zudem ein eigenes Fenster geschnitten hat – sie gehören zum ersten Bauabschnitt des Rathauses, datiert auf etwa 1240. Noch etwas älter ist das Rundbogenportal, das einst dort hineinführte und nun unter dem Säulengang, der die Renaissancelaube trägt, ein verborgenes Dasein führt. Auch wenn die Konsole der Gewölberippen mitten hineingesetzt wurde, blieben die schönen Rundstäbe im Gewände sichtbar.

1217 spendierte der Dänenkönig Waldemar II, den die Lübecker trotz ihrer Freiheit als kaiserliche Stadt nicht ungern als Stadtherrn anerkannt hatten, dem gesamten Hügel Buku eine alle Siedlungsbereiche umfassende ***Stadtmauer,*** natürlich aus Backstein. Sie ist weitgehend verschwunden, doch es gibt noch einige Stellen, an denen Teile aus romanischer Zeit sichtbar geblieben sind. Da ist etwa der halbrunde Turm in der Straße an der Mauer, der inzwischen einem schiefgewordenen Häuschen aus dem

17. Jahrhundert als Rückwand dient. Oder ein Turm innerhalb der Mauer, die mit dem Burgtor den Zugang von Norden her sicherte. Er ist sogar noch älter, stammt von etwa 1180.

Und ein letztes Beispiel findet sich an der Rückseite der ***Löwenapotheke***, sichtbar von der Königstraße aus. Hier finden wir auch an einem bürgerlichen Haus einen romanischen Giebel, allerdings wegen der Schäden durch den alliierten Bombenangriff Palmarum 1942 teilweise erneuert. Über dem Zackenfries am Fuß des Giebels öffnen sich in den Dachgeschossen drei Doppelfenster unter einer Rundbogenblende mit abgesetztem Gewände. Die beiden Bögen über den Fenstern werden von einer zierlichen Steinsäule gestützt. Die weiteren Fenster sind einfacher gehalten, doch der Giebel als Ganzes zeigt uns, daß auch der reiche Stadtbürger sein Haus nicht nur in Ziegeln errichten ließ, sondern auch schmuckreich und aufwändig gestaltete. Ein Gebäude aus Backstein zu errichten, war damals ein recht teures Unterfangen, die Produktion dieses neuen Materials war zeitraubend und aufwändig und auch mengenmäßig beschränkt. Dennoch hatte der Rat nach zwei verheerenden Stadtbränden 1251 und 1276 den Bau von Holzhäusern untersagt und eine steinerne Bauweise verordnet. Danach wurden zwar die der Straße zugewandten Giebel in Ziegelwerk aufgeführt, doch seitlich und nach hinten überwog weiterhin das Fachwerk. Erst die Vorschrift, daß Nachbarhäuser eine gemeinsame starke Brandschutzwand besitzen mußten, veränderte das Stadtbild nachhaltig.

### 4. An der Schwelle zum Neuen: Die Paradiesvorhalle am Dom

1254 wurde der Franziskanermönch Johannes von Dienst, der vorher Missionsbischof im Samland war, zum Lübecker Bischof gewählt. Er war gebürtiger Rheinländer, und von dort brachte er neue Stilvorstellungen mit und setzte sie dann auch um: Vor den damaligen Haupteingang zum Dom, das Paradiesportal im nördlichen Querhausgiebel, wollte er eine Vorhalle errichten lassen, die zugleich als Ort des geistlichen Gerichts dienen sollte, denn die kirchliche Rechtsprechung gehörte zum Auftrag eines Bischofs. Hier wurde aber nicht nur über Vergehen gegen die Gebote der Kirche geurteilt, hier begann auch die absolute Hoheit des Bischofs. Kein weltliches Gericht hatte Zugriff auf einen Menschen, der sich hierher geflüchtet hatte. Das Asylrecht der Kirche war uralter Brauch, bestätigt von Papst und Kaiser. In die Kirche selbst allerdings durften sie nicht, ehe über ihre Vergehen entschieden war. Und todwürdige Verbrecher lieferte man auch der weltlichen Macht aus – welcher Kirchenmann wollte sich mit einer Hinrichtung beschmutzen!

An diesem Bauprojekt waren auch rheinische Steinmetze beteiligt, die nun gemeinsam mit den in Backstein versierten Dombaumeistern eine einzigartige Halle schufen, wobei offenbleibt, ob die Rheinländer tatsächlich nach Lübeck kamen oder im Auftrag des Bischofs vor Ort die gewünschten Bauelemente fertigten und dann in den Norden schickten. Es ist die Zeit des Übergangs von der

Romanik zur Gotik, es ist diese Leichtigkeit sowohl in den Säulen als auch im Schmuck des Giebels, wie sie gerade entlang des Rheins und im Burgundischen üblich geworden war. Und es ergänzen sich auch die Materialien: der Backstein wird zum Ornament verfeinert, aber die zierlichen Säulen mit ihren schönen Kelchkapitellen und die vielen Figuren aus Haustein waren eben Importe.

Doch die Baumeister konnten auch mit Backstein eindrucksvolle Ornamente herstellen, wie der Giebel der Vorhalle beweist: Besonders die glasierten Bogenfriese, nicht nur waagerecht, sondern auch aufsteigend der Schräge des Daches folgend, gestalten die Front und umrahmen so die Elemente aus Haustein-Säulen und das Kleeblattmuster über der Rose, die wiederum

mit Backsteinformen hergestellt wurde. Dabei fein unterschieden die unglasierten Blütenblätter und der glasierte Ring. Man beachte auch den Rollenfries, der dem gesamten Gesims des Giebelfeldes beigegeben wurde.

Dabei darf nicht verschwiegen werden: Was wir hier sehen, ist sozusagen eine Kopie. Das Paradies hatte zwar die Bombennacht 1942 unbeschadet überstanden, doch der beschädigte und instabile Giebel des nördlichen Querschiffs stürzte 1946 herab und zerschlug den Vorbau. Zwar konnte man viele Teile der Bauskulptur retten und auch die unbeschädigten Ziegel einlagern, doch an eine Rekonstruktion war lange nicht zu denken. Erst 1972 hat der Kunsthistoriker Wolfgang Jürgens das scheinbar Unmögliche angestoßen mit seinen genauen Untersuchungen. Stiftungsgeld machte dann den Wiederaufbau tatsächlich möglich. So fanden denn auch die geretteten Skulpturen wieder ihren alten Platz, und viele alte Ziegel konnten wiederverwendet werden.

# C. Die norddeutsche Backsteingotik – ein eigener Baustil

Das 13. und 14. Jahrhundert ist die Zeit, in der Lübeck zur Führung eines Städtebundes aufstieg, der Nordeuropa prägen sollte: der Hanse. Und es ist zugleich die Zeit der Gotik als dem neuen, alles beherrschenden Baustil, der doch in Norddeutschland dank des Baumaterials Ziegel eine ganz eigene Ausprägung und eine eigene kunstgeschichtliche Bezeichnung erhielt. Alle großen, öffentlichen Bauvorhaben verdanken dieser Backsteingotik ihr Antlitz, auch wenn spätere Zeiten das Ihre hinzugetan haben. Die fünf großen Kirchen, die vier Klöster, das Rathaus, die Stadttore – sie alle sind zuallererst gotische Gebäude. Und sie spiegeln das Selbstbewußtsein ebenso wie die Frömmigkeit, den Reichtum ebenso wie den unternehmerischen Wagemut der Bürger dieser Stadt wider – wobei wir unter dem Begriff Bürger nur die Ober- und Mittelschicht der Lübecker verstehen sollten: die Angehörigen der ‚ratsfähigen' Familien der Fernhandelskaufleute, die Mitglieder der großen Zünfte, vor allem der Gewandschneider und der Brauer und zunehmend auch die akademisch ausgebildeten Juristen in der städtischen Verwaltung.

Auch die Bürgerhäuser dieser Zeit huldigen dem neuen Stil, neuerbaut oder doch mit angepaßten Fassaden. Dennoch: Was wir in Lübeck an backsteinsichtigen Treppengiebeln bewundern, ist zahlenmäßig mehr ein Werk der Renaissance. Das sollte schon vorweg gesagt werden.

### 1. *Das große Vorbild aller Ostseestädte: St. Marien*

Die in den ältesten Quellen ausdrücklich als ‚ecclesia forensis' bezeichnete Marktkirche der bürgerlichen Stadt, der Jungfrau Maria geweiht, wurde als Holzkirche erstmals um 1160 gebaut. Danach wurde an ihrer Stelle gegen Ende des 12. Jahrhunderts eine romanische Backsteinbasilika wie der Dom errichtet, allerdings ohne Zweiturmfassade. Doch im kommenden Jahrhundert wurde aus dem Westfälischen herkommend der Typos der

Hallenkirche mit gleichhohen Schiffen populär, so ging der Rat um 1250 dazu über, um die vorhandene Basilika herum ebenfalls eine Hallenkirche zu bauen, die nicht nur mehr Platz für die wachsende Einwohnerschaft bot, sondern von der Raumstruktur her auch eher dem bürgerlichen Verständnis eines Sakaralbaus entsprach als ein Gotteshaus, wo die Gläubigen nur aus weiter Distanz dem Klerus bei der Meßfeier zuschauen durften.

Kaum anderthalb Jahrzehnte später aber entschied man sich in Lübeck, diesen Umbau zu stoppen und zu einer hochgotischen Kathedrale überzuwechseln, nun auch zweitürmig und mit einer für damalige Zeit schwindelerregenden Höhe des Mittelschiffs – noch heute besitzt die Lübecker Marienkirche mit über 38 Metern das höchste Backsteingewölbe weltweit. Übrigens waren auch ihre Türme mit 125 Metern bis zur Vollendung des Kölner Doms 1880 die höchste Doppelturm-Anlage, die es gab. Der Bau war ohne Querschiffe vorgesehen, doch fügte man an ihrer Stelle auf beiden Seiten eine zweijochige Halle an. Im Süden diente sie als Vorhalle mit dem Hauptportal dem Rathaus gegenüber, im Norden als Beichthaus (heute wegen des Wandgemäldes von Bernt Notke als Totentanzkapelle bezeichnet). Später kamen noch weitere Bauteile hinzu: Zusammen mit dem Süderturm 1320 eine St. Anna gewidmete Seitenkapelle, die heute sogenannte Briefkapelle; Bürgermeisterkapelle und Sakristei östlich an die Querschiffshallen anschließend, 1444 als letztes noch vor dem Chorhaupt die Marientidenkapelle.

Als erstes begann man, den alten Chor durch einen gewaltigen Neubau zu ersetzen, außen gestützt von Strebepfeilern, denn nun trugen nicht mehr massive Mauern die Last von Gewölbe und Dach, sondern ein System von Stützen und Pfeilern, das wiederum selbst von außen gestützt werden mußte, um den

Druck abzufangen. Stützpfeiler mit Strebebögen gehören zum konstruktiven Konzept gotischen Kirchen, auf deren Schmuck mit Fialen und Kreuzblumen hat man in Lübeck verzichtet, weil der Backstein solche Formen (noch) nicht hergab.

Dafür konnte sich die Wände in weiten Fenstern öffnen und das einfallende Licht, gefiltert durch die Farben der Glasmalereien, zu einem mystischen Erlebnis verwandeln. Die ersten Baumeister gingen dabei bis an die Grenze des Möglichen, errichteten so schlanke Pfeiler, daß die Statik des Chores gefährdet war,

auch wenn gotische Gewölbe dank der Rippen weitaus dünner und leichter (und auch materialsparender) sind als ihre romanischen Vorgänger. Als man ein knappes halbes Jahrhundert später auch das Langhaus erneuerte, war man vorsichtiger geworden – die kräftigeren Pfeiler, die jetzt den Obergaden tragen, verraten es.

Alle aber sind aus Backsteinen hochgezogen – im Chor mit ausgeprägten Bündelpfeilern, deren Dienste den Kern fast völlig unsichtbar machen, im Langhaus

dann mit eher klobigen quadratischen Pfeilern, nur an den Ecken mit einem Rundstab geschmückt und nur zu den Schiffen hin mit vorgelegten Diensten versehen. Einzig die Kapitelle sind aus Kalkstein geschnitten, im Langhaus nur als schmales, umlaufendes Band mit floralen Motiven, im Chor dagegen sehr viel ausgeprägter mit deutlich hervorgehobenem Weinlaub. Die Langhauspfeiler tragen dafür in den Arkaden leicht vorgesetzte und mit Halbstäbe gerahmte Schmuckbänder. Wie bereits erwähnt, hat man hier das Baumaterial verleugnet und versucht, den optischen Eindruck von Hausteinquadern vorzutäuschen.

Die als letztes Element angefügte Marien-Tiden-Kapelle diente der im 15. Jahrhundert aufkommenden besonderen Marienfrömmigkeit. Dort wurden die täglichen Mariengebete gesungen. Der hochgotische Anbau zeigt besonders schön gestaltete Gewölbefelder.

Die äußere Gestalt der Marienkirche dagegen ist weitgehend schmucklos, abgesehen von den Türmen. Da trennen Friese mit Vierpaß-Blenden die einzelnen Stockwerke, und wer genau hinschaut, sieht etwa an der Südfassade des Süderturmes, daß auch sie unterschiedlich gestaltet sind: Von oben nach unten nimmt die Einkerbung ab, und im untersten Fries gibt es dann nur noch kreisrunde Blenden. Die Giebel der Turmspitzen haben – bis auf den östlichen des Norderturms, der Zerstörung 1942 standgehalten. Während sie gegen Westen wenig Schmuck aufweisen, sind die anderen aufwändig und zugleich sehr unterschiedlich in ihrer Erscheinung.

Bemerkenswert auch, daß das – noch sehr bescheidene – Maßwerk der Fenster aus Backsteinen geformt ist. Betrachten wir zum Beispiel die Fenster an der Südseite des Süderturmes: Der Stab zwischen den Lanzett-Öffnungen ist aufgemauert, das Bogenfeld bleibt geschlossen und wird nur durch eine Vierpaßblende geschmückt. Ähnliches gilt für die großen Fensteröffnungen des südlichen Querhauses ebenso wie für die Fenster im Obergaden von Chor und Langhaus: Drei oder vier Lanzettfenster mit Backsteinstäben enden ohne weiteren Schmuck im Spitzbogen.

Wieviel reicher sind dagegen die nach dem Vorbild von St. Marien später entstandenen Kirchen in den östlichen Hansestädten ausgestaltet, wie ein Vergleich etwa mit dem Turm der Jakobikirche in Stralsund oder der Sakristei an St. Georgen in Wismar zeigt. Lübeck steht also noch ganz am Anfang einer Entwicklung und ist dennoch richtunggebend für die norddeutsche Backsteingotik gewesen.

*tralsund, Jakobikirche*

*Wismar, St. Georgen*

## *2. Der Dom wird gotisch: der Hochchor*

Es war der ständige Konkurrenzkampf zwischen dem bischöflichen Dom und der bürgerlichen Ratskirche St. Marien, der Bischof Johann von Tralau 1266 veranlaßte, auch seinen Dom zu einer Hallenkirche umzugestalten. So wurden die schmalen Seitenschiffe auf gleiche Höhe mit dem Mittelschiff gebracht. Doch inzwischen hatte die Bürgerschaft bereits beschlossen, ihr Gotteshaus zu einer spätgotischen Basilika in Anlehnung an die französische Kathedralbauten neu zu bauen. Also mußte auch der Bischof wieder nachziehen und begann ebenfalls mit der Planung, seinem Dom einen gotischen Chor anzufügen.

Allerdings blieb es zunächst dabei, vierzig Jahre brauchten Bischof und Domkapitel, um das Vorhaben auch zu finanzieren. Erst Bischof Heinrich Bocholt trieb den Bau dann ab 1329 verstärkt voran. Zwar konnte er nicht die gleiche Höhe des Chores von St. Marien nachahmen, ohne den gesamten Dom abzureißen, doch der weite Platz hinter ihm erlaubte es, nun einen zwar niedrigeren, dafür aber wesentlich längeren Chor anzufügen. War schon die romanische Basilika mit ihren 94 Metern Länge ein imposanter Bau, so wuchs der Dom auf eine Gesamtlänge von 132 Metern. Wurde das Langhaus von wuchtigen Pfeilern gestützt, fanden sich im Chor nun schlankere runde Säulen.

Bischof Bocholt erlebte die Weihe des Chores 1341 allerdings nicht mehr, er starb wenige Wochen zuvor, fand allerdings dort ein herausragendes Grabmal. 1445 bis 1470 wurde dem Chorhaupt dann noch eine Marienkapelle angefügt – auch hier wieder, weil es in St. Marien ebenso geschah.

Der Dom hat also ein wenigstens teilweise gotisches Gewand erhalten. Das alte Chorquadrat wurde nun erstes Joch des neuen Chores, die Apsiden entfernt, damit der Neubau als dreischiffige Halle und mit einem Chorumgang aus fünf sechseckigen Kapellen errichtet werden konnte. Mit der Marienkapelle kamen dann noch sie flankierend zwei weiteren Kapellen östlich hinzu. Große Fenster in den Außenwänden erforderten, wie bei gotischen Bauten auch sonst, außen angesetzte Stützpfeiler, so daß der Chor ein sichtbar gegliedertes Aussehen bekam. Die angefügte Marienkapelle erhielt ein eigenes hohes Zeltdach.

Als der Dom 1942 Opfer des alliierten Luftangriffs wurde, blieb er zunächst ohne große Sicherungsmaßnahmen. Erst 1950 war wenigstens das romanische Langhaus soweit wiederhergestellt, daß es der Gemeinde als Gottesdienststätte dienen konnte. Den gotischen Chor dagegen hatte man durch eine Mauer abgetrennt und überließ ihn dem Verfall, bis auch er ab 1960 gesichert und erneuert werden konnte. Die Trennmauer wurde dabei durch eine Glaswand ersetzt, um beide Raumteile getrennt nutzen zu können.

© Fotoarchiv der Hansestadt Lübeck

## 3. Hundert Jahre später: St. Katharinen

1209 erlangte Franz von Assisi von Papst Innozenz III. die Bestätigung einer Regel, nach er mit der Gruppe seiner Gefährten als Büßer und Wanderprediger leben konnte. 1226 waren bereits auch in Lübeck Franziskanermönche erschienen. Gerne wies ihnen der Rat der Stadt ein Grundstück zu, „dar se buweten in deme sulven jahre dat closter", wie eine amtliche Chronik vermeldet. Es lag an der Grenze der bisherigen Bebauung, die von der Glockengießerstraße über den Stadthügel bis in die Beckergrube verlief. Hier bauten die Brüder eine erste kleine Kirche und ein Kloster.

Um 1310 begannen sie dann, eine der heiligen Katharina von Alexandrien geweihte Backsteinbasilika zu errichten, wie üblich zunächst den Chor, etwa 1335 war auch das Langhaus vollendet. Ungewöhnlich für den Bettelorden ist nicht nur die Größe der Kirche, sondern auch die Unterteilung in einen Hochchor mit einem Untergeschoß. Es ist noch einmal eine dreischiffige Halle inmitten des Mittelschiffs. Schlanke Säulen aus Kalkstein tragen ein Kreuzgewölbe.

Neun Joche mißt die Kirche insgesamt, sechs davon für das Langhaus. Die Seitenschiffe sind aus Raumgründen nur schmal, das nördliche dabei schräg zulaufend entsprechend dem Verlauf der Glockengießerstraße. Die zweijochigen Querhäuser sind kaum erkennbar, schließen sie doch mit der Flucht der Seitenschiffe ab. Nur von außen sind sie an der Dachform deutlich zu erkennen. Nach Osten hin enden Chor ebenso wie Seitenschiffe polygonal.

Am eindrücklichsten ist der zur Königstraße hin gelegene Westgiebel. Über einem breitgelagerten Sockel ragen zwei hohe spitzbogige Fenster bis an den durch einen Fries abgetrennten

Giebel und belichten das Hauptschiff. Die Fenster werden von zierlichen Nischen gerahmt, und im Bereich der Seitenschiffe füllen diese Nischen in doppelter Reihe die gesamte Front. Die Laibungen, verziert durch eine Halbsäule, sind ebenso wie die gesamte Westfront, mit den einander abwechselnden Reihen roter und glasierte Ziegel geschmückt – wie wir es an vielen spätgotischen Bauten der Stadt wiederfinden.

Auffällig ist, daß der Sockel einer anderen Ordnung folgt: Das Portal wird von zwei seitlichen Blendnischen gerahmt – das Sockelgeschoß ist also symmetrisch aufgebaut, obwohl die gesamte Westfront wegen der unterschiedlichen Seitenschiffe unsymmetrisch ist. Die Folge: Das Portal führt nicht in die Mitte des Kirchenschiffs.

Dort ziehen sich die Gewölbe des Mittelschiffs bis in das Rund der Chorapsis, oben erkennt man weder die Trennung von Chor und Langhaus noch die Unterbrechung durch die beiden Querhäuser. Nur die verschiedenen Farben der Rippen deuten das an. Nach der letzten Restaurierung ist auch die Farbigkeit weitgehend wiederhergestellt: Die backsteinernen Pfeiler sind hell verputzt und tragen eine Quaderung, die mit roten Doppellinien an Stelle von Fugen abgesetzt sind.

Die Laibungen der Arkaden sind kunstvoll bemalt: In blattreiche Ranken eingefügt sieht man kleeblattähnliche Medaillons, sogenannte Vierpässe. Darin finden sich Brustbilder ganz unterschiedlicher Personen. Sie alle tragen Spruchbänder – allerdings ohne Sprüche. Auch der obere Chor ist an vielen Stellen mit Fresken geschmückt, An der Nordwand sind drei Bischöfe zu sehen, dargestellt in dieser für die Gotik so typischen Haltung – schlank und mit gebogenem Körper, der die Hüften stets weit nach außen stellt.

Die Reformation verwandelte die Klostergebäude in eine Schule. Auch wenn äußerlich nichts mehr daran erinnert, verbergen sich im Inneren noch ansehnliche Reste des alten Klosters. Der schmale Verbindungsgang am kleinen Klosterhof ist ebenso erhalten wie der große Hof mit dem ehemaligen Kreuzgang, die Klausur.

Erwähnen sollten wir auch, daß eine Reihe der Nischen heute von modernen Terrakotta-Statuen geschmückt sind, drei von Ernst Barlach 1932 geschaffen (als entartete Kunst dann von den Nazis entfernt und erst erneut aufgestellt) und von Barlachs Schüler Eduard Marcks nach dem Krieg um weitere ergänzt.

### 4. *Lübecks andere Altstadtkirchen*

Fast zeitgleich mit St. Marien entstand auf der Südseite des ursprünglich viel größeren Marktes die ***Petrikirche.*** Wir übergehen die verschiedenen Phasen der Baugeschichte und schauen, wie sie uns heute begegnet, als fünfschiffige Hallenkirche mit einem Westwerk, das jetzt nur einen Turm aufweist, wie bei der ersten romanischen Kirche, zu der auch noch die unteren Geschosse gehören. (Die zwischenzeitlich geplanten zwei Türme wie in St. Marien wurden nicht vollendet).

Am oberen Turm, ähnlich wie an der Marienkirche, zwischen den Geschossen Friese mit Vierpass- bzw. Kreisblenden. Am Fuß der Turmspitze wurden vier kleine Ecktürme angesetzt, die das Typische dieses Turmes ausmachen. Im 19. Jahrhundert wurde die Kirche durch eine notwendige Sanierung der Außenwände verändert, 1942 wurde sie zur Ruine und schien verloren, da sie nicht mehr gebraucht wurde. Um die berühmte siebentürmige

Silhouette der Stadt wiederherzustellen, hat man dann 1960-1962 dem Turm wieder eine Spitze und die Ecktürme zurückgegeben, allerdings nun erweitert um eine Ebene für eine Aussichtsplattform. Erst 1965 entschied sich die Stadt, auch das Kirchenschiff zu retten und die weite Halle als Kulturkirche zu nutzen.

Weitgehend von den Bomben verschont blieb dagegen die ***Ägidienkirche.*** Sie wurde ebenso wie St. Jakobi erstmals 1227 erwähnt, ist also bereits ein spätromanischer Bau. Als Gotteshaus im vor allem von Handwerkern bewohnten Ostteil des Stadthügels war sie von Anfang an eintürmig und als Basilika geplant. Später wurden die Seitenschiffe zur Halle erhöht, auch der Chor erhielt 1440 Seitenschiffe. In diese Zeit fällt auch der Anbau von Seitenkapellen. Der Turm besitzt eine achteckige Spitze, die aus den vier Giebeln herauswächst, so wie bei der Marienkirche. Auch die oberen Geschosse mit ihren Friesen und den doppelbahnigen Spitzbogenfenstern sind wohl der Marktkirche nachempfunden.

Die weitgehend vom Barock geprägte Innenausstattung blieb erhalten, ebenso wie der von Tönnies Evers dem Jüngeren geschnitzte Singechor im Renaissancestil, fertiggestellt 1587.

Als Schifferkirche wird gerne ***St. Jakobi*** bezeichnet, liegt sie doch am Rande des weitgehend von Seefahrern bewohnten nordwestlichen Stadtquartiers. Auch diese Kirche ist eine dreischiffige Stufenhalle, entstanden aus einem wahrscheinlich als Basilika geplanten spätromanischen Bau. Hier ist ebenfalls ein doppeltürmiges Westwerk geplant, aber nicht ausgeführt worden. Der Chor besteht aus drei nebeneinanderliegenden Jochen, die alle mit einer fünfseitigen Apsis enden. Die reiche Innenausstattung aus mehreren Jahrhunderten blieb ebenso erhalten wie die überlebensgroßen gotischen Heiligenfiguren, deren Fresken an den Pfeilern zu sehen sind.

Bemerkenswert ist die Gestaltung des Turmes: Die ursprüngliche Spitze wurde schon 1365 durch einen Sturm schwer beschädigt und mußte 1628 ganz abgetragen werden, so daß die Gemeinde sich mit einem Notdach begnügen mußte. Eine danach geplante barocke Haube konnte verhindert werden, dafür erhielt der neue achtseitige Pyramidenhelm einen wulstförmigen Fuß sowie die vier Kugeln an den Ecken, die bis heute die besondere Erscheinung des Jakobi-Kirchturms ausmacht.

## 5. Im Dienst der Stadt: Rathaus und Heiliggeist-Hospital

Ausschnitt aus der Stadtansicht von Elias Diebel

Das **Rathaus** der Hansestadt weist eine umfangreiche Baugeschichte auf. Ein kleiner Vorgängerbau stand an anderer Stelle des Marktes an der Markttwiete. Doch kaum war jene entscheidende Urkunde von 1226 eingetroffen, in der Kaiser Friedrich II alle Rechte Lübecks bestätigte und sie zur freien Stadt des Reiches erklärte, setzte man drei nebeneinander liegende Giebelhäuser mitten auf den damals noch größeren Markt vor die Marienkirche.

Als dieser Bau beim großen Stadtbrand von 1251 beschädigt wurde, setzte man vor den Südgiebel und den Nordgiebel jeweils eine monomentale Schauwand (Die nördliche ist übrigens heute eine Rekonstruktion aus dem 19. Jahrhundert). Die Maßwerkblenden der südlichen Schildwand zeigen noch ein frühgotisches Aussehen, denn noch bleiben die Wandflächen ohne Gliederung. Da dieses große freistehende Mauerwerk jedoch bei Sturm gefährdet war, verpasste man ihm große Windlöcher und zog 1435 zusätzlich drei Türme ein, deren mittlerer nun allerdings die schönen Blendfenster mit ihrem Maßwerk durchschneidet.

Das ursprüngliche Rathaus besteht also aus drei Gebäudeteilen, wobei anfangs nur der mittlere für den Rat genutzt wurde: Der rechte diente als Verkaufshalle für die Tuchhändler, die Vornehmsten unter allen Fernhändlern, links war die Börse, der Treffpunkt der Kaufleute. Vor der Schauwand befand sich seit etwa 1260 eine Gerichtslaube (seit 1570 von der Renaissancelaube ersetzt).

Vor der Laube wurde vom Ratsbaumeister Nikolaus Peck kurz nach 1298 das Lange Haus zwischen Markt und Breiter Straße errichtet. Das Erdgeschoß war eine offene Gewölbehalle, in der anfangs noch Säulen aus Backstein das Obergeschoß trugen. Das darunterliegende Kellergewölbe wurde den Tuchhändlern zugewiesen, die das Rathaus räumen mußten, weil dort ein großer Saal für die Hansetage entstehen sollte. Auch das Obergeschoß bestand aus einem großen Saal, der vor allem als Festsaal genutzt wurde. So kam das Lange Haus zu seiner volkstümlichen Bezeichnung ‚Danzelhus'.

Südlich anschließend schuf Peck das ‚Neue Gemach' mit eindrucksvollen Schauwänden zu beiden Seiten hin. Auch hier blieb das Untergeschoß eine offene Halle, in der auch die Ratswaage ihren Platz fand.

Besonders beeindruckend sind die Schauwände des Neuen Gemachs, die die dahinter liegenden Dächer verbergen. Zwischen den zierlichen Türmen mit ihren spitzen Helmen sind die Flächen mit Blindfenstern aufgelockert, die wiederum mit verschiedenem Maßwerk gefüllt sind. Dort, wo die Blenden durchbrochen sind, steht die Schauwand frei vor den zur Traufe abfallenden Dächern.

Angesichts der langen Baugeschichte sind also viele Stilelemente, nicht nur der Gotik, beim Rathaus zusammengekommen. Wurden in der Frühgotik noch reine Backsteine verwendet, so sind Langes Haus und Neues Gemach zum Markt hin mit glasierten Steinen geschmückt, die östliche Fassade dagegen zeigt wieder den Wechsel normaler Backstein/glasierter Stein. Die Front des östlichen Gebäudes wurde 1880 erneuert mit einer Fassade aus Klinker.

Es gehörte zu den Christenpflichten der damaligen Gesellschaft, sich um unverschuldet in Not geratene und gebrechliche Menschen zu kümmern. Teilweise übernahmen Klöster diese Aufgabe, gerade in den Städten aber waren es reiche Bürger, die mit ihren Stiftungen Spitäler finanzierten. Die größte Einrichtung dieser Art in Lübeck war das ***Heiliggeist-Hospital,*** ursprünglich wohl 1234 am Pferdemarkt gegründet, dann um 1280 herum nach mancherlei Streit mit dem Bischof an seinen jetzigen Platz am Koberg verlegt. Zunächst wurde die (querliegende) Kirchenhalle und mit ihr das lange Haus dahinter, die eigentliche Hospitalhalle, errichtet. Dort lagen die Insassen in langen Reihen auf Strohsäcken. Ebenfalls gegen den Willen des Bischofs wurden hier nicht nur Kranke, sondern auch Arme versorgt.

Die Kirche ist eine dreischiffige Halle mit einer Tiefe von zwei Jochen. Jedes Schiff liegt unter einem eigenen Satteldach, dessen Giebel die Front zum Koberg hin bilden. Die sechseckigen Türme, die den seitlichen Giebeln vorgesetzt sind, haben keinerlei Funktion, sondern sind reine Schmuckelemente ähnlich den Türmchen am Rathaus. Der mittlere Giebel ist breiter, über einem breiten Sims steigen drei spitzbogige und dreibahnige Fensteröffnungen auf. Die seitlichen Giebel weisen im unteren Teil je ein einzelnes Fenster mit zwei Lanzetten auf, haben ihren Sims erst dort, wo die Vorlagen in die Türme übergehen. Darüber drei Blenden, in die jeweils kleinere Blenden eingefügt sind – das alles durchweg backsteinsichtig. Der Dachreiter ist spätere Zutat und birgt heute ein Clarillon.

In allen drei Schiffen öffnen sich Portale mit einem tief gestaffelten Gewände aus Viertelstäben, auch sie aus Backstein geformt. Das größere mittlere Portal wird von zwei Rundfenstern flankiert. Die Spitzbögen seiner Gewändestäbe sitzen auf einem mit Weinlaub verzierte Kämpferband aus Kalkstein, übrigens der einzige Haustein in der gesamten Fassade. Nördlich der Kirchenhalle schließen sie die gotischen Giebel von zwei Nebengebäuden an. An ihrer Rückseite, der Nordwand des Langhauses vorgelagert, ein Innenhof mit Kreuzgang. Näheres über den

Kirchenraum mit seinen Sterngewölben, die Kunstschätze dort, die Wandgemälde und die Konstruktion der Hospitalhalle sowie die dort 1820 eingebauten kleinen Kammern kann hier nicht im Einzelnen berichtet werden, es sei aber drauf hingewiesen, daß ein Besuch auch im Inneren des Hospitals sehr empfehlenswert ist. Übrigens wurden die Kammern, oder wie man in Lübeck sagt, die ‚Kabäuschen' erst 1970 geräumt und in den beiden Nebengebäuden Zimmer für ein Altersheim eingerichtet.

LANGNESE
LANGNESE
LANGNESE
LANGNESE

## *6. Die Tore der Stadt*

Sie dienten schließlich nicht nur dem triumphalen Empfang hochgestellter Gäste, sondern waren von ihrer Funktion her Teile einer Befestigungsanlage, um die Stadt vor Feinden zu schützen. So sind die der Stadt zugewandten Fronten die eigentlichen Schauseiten, die Feldseite von Stadttoren dagegen erscheint im allgemeinen eher abweisend, schlicht und mit kleinen Öffnungen nur dort, wo sie strategisch erforderlich sind, als Ausguck oder Schießscharte. Das gilt vor allem für das ***Holstentor***, auch wenn es nach dem Vorbild flämischer Doppelturmanlagen durchaus zugleich repräsentativ sein sollte.

Die Anlage besteht aus zwei Rundtürmen und einem giebelbekrönten Mittelbau, der das eigentlich Tor aufnimmt. Er ist zwar in zwei sichtbare Stockwerke mit Blendenreihen gegliedert, die jedoch nur kleine Luken für die Stückpforten (=Schießscharten) aufweisen. Die Türme springen an der Feldseite vor und erlaube so ein besseres Schußfeld auf den Raum direkt vor der Durchfahrt.

Stadtseitig dagegen finden wie eine durchgehende Fassade mit drei Geschossen über dem Unterbau, reich gegliedert durch Terrakottafriese und vielen Blenden, teil mit Fensteröffnungen, dort, wo im Inneren die Rundung der Türme ansetzt, mit blinden Hochblenden. Der Entwurf stammt vom Stadtbaumeister Hinrich Helmstede, der den Bau 1464 begann, ihn aber wegen großer Schwierigkeiten mit der Standfestigkeit im moorigen Untergrund erst 1478 vollenden konnte. Bedeutsam ist hier der Bauschmuck: die Ziegelreihen wechseln zwischen rotem Backstein und glasierten Ziegeln, die Terrakottatafeln zeigen vier Motive, zwei pflanzliche – vier Lilien und Diestelblätter – ein symmetrisches Gitter sowie jeweils als achte Tafel ein von zwei Männern gerahmtes Wappenschild – mit einem Baum oder einem lübischen Adler. Fast alle der heute dort vorhandenen Terrakotten sind übrigens Nachbildungen der stark verwitterten Originale.

Anders das **Burgtor.** Es wurde zwanzig Jahre früher von Stadtbaumeister Nikolaus Peck weitgehend umgestaltet. Dort, an dem schmalen Höhenrücken, der einmal den einzigen Landzugang zur langgestreckten Halbinsel des Hügels Buku darstellte, hatten schon wendische Fürsten einen Burgwall errichtet, und auch bei der Gründung des deutschen Liubice wurde an gleicher Stelle nicht nur eine Burg errichtet, sondern dieser Zugang auch durch Mauer und Toranlage gesichert. So finden sich im Torturm noch Reste aus romanischer Zeit, um 1230 wurde eine erste Backsteinanlage bereits erhöht und umgestaltet. Peck aber erweiterte nicht nur den Turm um ein weiteres Stockwerk, sondern hat auch sowohl innen als auch an der Feldseite Schaufronten geschaffen, lag doch damals die eigentliche Verteidigungslinie bereits weiter vorn, zum Burgfeld hin. Der von ihm aufgesetzte spitze Helm wurde allerdings 1685 durch eine barocke Haube ersetzt.

Die einzelnen Geschosse werden äußerlich durch Terrakottafriese getrennt, auf denen spitzbogige Blenden aufsitzen. In den drei oberen Stockwerken ist jede mit zwei durch einen Stab getrennte Lanzettblenden gefüllt, im ersten Geschoß über dem Sockel wechselt diese Form mit kleineren einfachen Blenden. In den Bogenfeldern findet sich unterschiedlicher Schmuck, im obersten Stockwerk sind diese Felder ganz durchbrochen. Bei den Blendrahmungen und den Stäben wechseln meist rot und glasierte Ziegelreihen einander ab. Die Seiten des Torturms sind dagegen schlichter gehalten. Auch beim Burgtor waren die Terrakottafelder so stark verwittert, daß sie bei einer Renovierung 1901 durch neue ersetzt werden mußten, die aber teilweise nicht den Vorlagen entsprachen.

An der Ostseite des Torturms hat die Renaissance ein Zöllnerhaus vor die Stadtmauer gesetzt. Die Westseite gehört bereits zu Marstall, also dem Bereich für die berittenen Stadtsoldaten, die ‚Reitendiener', die auch als Boten oder Servicepersonal bei den Empfängen der Stadt herangezogen wurden. Dort stehen zwei Giebelhäuser übereck, die in unserer Zeit durch die Erweiterung der Durchgänge verändert wurden. Die beiden Häuser dienten dem Marschall, also dem Kommandeur der kleinen Truppe, sowie dem Artilleriemeister als Dienstwohnung, später dann, als der Marstall zum Stadtgefängnis wurde, dem Gefängnisinspektor. Anfänglich in gotischem Stil errichtet, wurden sie mehrfach im jeweils modischen Stil verändert.

Im Inneren hat sich übrigens eine Balkendecke aus der Gotik erhalten, allerdings in der Barockzeit übermalt. An einigen Stellen haben die Restauratoren deshalb die originale Bemalung wieder hergestellt – ein erstaunlich farbenprächtiges Bild!

## 7. *Die Giebel der Bürgerhäuser*

In den ersten Jahrzehnten der neugegründeten Stadt auf dem Hügel Buku gab es dort nur das ‚hölzerne Lübeck', wie die Archäologen sagen. Wie wir sahen, waren anfangs auch die Kirchen reine Holzbauten, aber auch als man dort zum Backstein griff, blieben die Menschen in Blockhäusern oder Fachwerkgebäuden wohnen. Noch gab es dort wesentlich größere Grundstücke, erst nach und nach entstanden jene schmalen und tiefen Flächen, wie wir sie aus den Jahren danach kennen. Und auf ihnen errichtete man dann jene giebelständigen Dielenhäuser aus Backstein, die nun das Stadtbild bestimmten. Es waren zwei große Stadtbrände, die den Rat veranlaßten, Steinbauten vorzuschreiben. Und der gebrannte Ziegel, auch wenn seine Herstellung lange Zeit kostspielig war, blieb nun einmal das vor Ort zugängliche Baumaterial.

Wie aber sah das Lübecker Haus im einzelnen aus? Das gesamte Erdgeschoß nahm anfangs eine große Diele ein, Wohn- und Arbeitsraum aller Bewohner. Erst später entstand ein im Hofraum angebauter Flügel, der nun zu Wohnzwecken diente, während neben der Eingangstür ein gesonderter Arbeitsraum vor allem für den Kaufmann, aber auch für die meisten Handwerksmeister, abgetrennt wurde, die Dornse. Die vielen Böden über der hohen Diele diensten ausschließlich als Lagerflächen. Das

leine Petersgrube 11

Dankwartsgrube 30

alles bestimmte das äußere Erscheinungsbild des Giebelhauses: Rechts und links des Eingangsportals finden wir hohe Fenster, die der Diele Licht spendeten. Darüber meist nur schmale Luken zur Belüftung der Böden, die sehr häufig als Doppelluken in Hochblenden und ohne waagerechte Simse eingefügt waren und so dem gotischen Streben nach Betonung der Vertikale entsprachen. Nach oben schloß der Giebel dann meist abgetreppt ab. Oft endeten die einzelnen Treppen mit einem Sims, der auf einem Fries aufsaß. Die Gewände der Blenden konnten gerne besonders hervorgehoben werden, manchmal durch den Einsatz von glasieren Ziegeln, manchmal durch Profilsteine.

Lübeck besitzt noch immer eine ganze Reihe solcher gotischen Giebel. Allerdings wurde das Erdgeschoß oft den neuen Zwecken angepaßt, diente dann als Ladengeschäft oder Wohnraum und war meist verputzt. In den oberen Geschossen wichen dann auch die Luken mehr oder weniger großen Fenstern für die dahinter eingerichteten Wohnräume. Geblieben sind meist die Hochblenden, manchmal noch mit seitlichen Luken, und die Giebel in den verschiedenen Formen von Treppen.

Nehmen wir uns die Große Petersgrube als Beispiel, diese für eine Stilkunde so vielseitige Straße. Dort finden wir neben vielen anderen Giebeln auch einige, die eindeutig der Gotik zuzuordnen sind. Das Eckhaus Nr. 11 zeigt uns einen abgetreppten Giebel mit den für die Gotik typischen, mehrere Geschosse durchziehenden und spitzbogig endenden Hochblenden, die sicherlich ursprünglich weiß abgesetzt waren, sei es geschlämmt oder auch verputzt. Die Fenster im mittleren Teil sind natürlich späteren Datums, für Wohnzwecke eingesetzt, die heute geschlossenen ebenfalls spitzbogigen Doppelluken zeigen dagegen noch die ursprüngliche Nutzung der Dachgeschosse als Lagerflächen. Auch im Erdgeschoß ist die Gotik sichtbar in dem Portal mit seinem abgestuften Gewände, rechts und links begleitet von den hohen Fenstern der ehemals dahinter liegenden Wohndiele. Ihre Teilung verrät, daß dort einmal eine Dornse als abgetrennter und niedrigeren Raum vorhanden war.

*Große Petersgrube 15*

*Große Petersgrube 25*

Die untere von den Bomben verschonte Mengstraße ist mit ihren backsteinsichtigen Giebeln weithin ein Zeugnis der Renaissance. Um so mehr fällt das von ihnen gerahmte Haus Nr. 25 (einst ‚zum Hirschen' genannt) ins Auge, das sein gotisches Aussehen nicht verleugnet, auch wenn der spätere Umbau zum Wohnhaus vieles verändert hat. Ähnliches gilt für die meisten Häuser aus gotischer Zeit: die Luken sind Fenstern gewichen, das Untergeschoß wurde verputzt und die Fenster meist ebenfalls verändert. Dennoch sind die Grundstrukturen der Gotik meist noch erkennbar.

*Mengstraße 25*

So etwa in der Königstraße Nr. 43, im Eckhaus zur Dr. Julius-Leber-Str., oder im Haus Nr. 30, das einen der ältesten Giebel in der Stadt aufweist. Die verputzten Hochblenden sind – wieder – sichtbar, aber auch das schöne Rokokoportal im verputzten Erdgeschoß blieb erhalten.

*öwenapotheke, Königstraße*

*Königstr. 30*

# D. Die Renaissance hält Einzug

In etwa zeitgleich mit der Reformation in Deutschland kommt aus Italien auch ein neuer Baustil in den Norden, den wir Renaissance nennen, eigentlich ein Name für eine geistige Neuorientierung an der antiken Kultur, ihren Idealen und ihrem Menschenbild, für die nördlich der Alpen der Begriff Humanismus steht. An die Stelle der kirchlichen Dogmatik tritt nun menschliche Erfahrung und menschliche Vernunft. Und statt der himmelstürmenden Gotik soll auch die Architektur ausgeglichen, den Gesetzen von Logik und Ebenmaß treten nach dem Vorbild antiker Baukunst und antiker Schmuckformen, ohne daß dabei die Gotik vollständig abgelöst wurde. Aber es ist doch deutlich, daß nun statt der Vertikalen die Horizontale in den Vordergrund tritt. Für Lübeck gilt, daß dieser neue Stil über die niederländische Umformung die Architektur bestimmt. Zugleich gilt auch, daß man hier gotische Gestaltung weiterhin zur Grundlage macht, in die die neuen Formen eingepaßt werden. So bleibt es zum Beispiel beim traditionellen Giebelhaus mit Treppengiebel und teilweise auch mit den vorhandenen Hochblenden, auch wenn nun waagerechte Simse die Hauswände gliedern. Hinzu kommt, daß die Nutzung der Häuser sich ebenfalls wandelt: Aus den vielen Lagerböden werden vermehrt Etagen zu Wohnzwecken und damit aus den Luken regelrechte Fenster. Was bleibt, ist der Backstein als Baumaterial, auch wenn Hausteine zum Schmuck herangezogen werden. Meist werden die Giebelfronten nur umgestaltet, manchmal auch ganz neue Fassaden geschaffen. Doch die Häuser selbst bleiben in ihrer Bausubstanz erhalten, die Dachstühle, die tragenden Seitenwände, die Balken im Inneren werden nicht angetastet. Und viele sind bis heute noch funktionsfähig, erste Erwähnungen stammen vielfach bereits aus der Zeit um 1300. Aber hier geht es ja nicht um die oft komplizierte Baugeschichte, sondern um das, was heute zu sehen ist.

iele Fleischhauerstr. 79
itte 15. Jahrhundert

Wohndiele Königstr. 81
Neubau 1773 (spätere Einbauten)

Erst ab Mitte des 18. Jahrhunderts – also mit dem Barock – werden die Häuser mit den bis dahin hohen Dielen zu reinen Wohngebäuden umgestaltet, und oft auch mit einer ‚Bel Étage' – einem Wohnbereich im ersten Stockwerk mit höheren Decken. Erst damit verändert sich auch die innere Struktur des Hauses.

## 1. Die holländische Renaissance

Es sind vor allem zwei öffentliche Gebäude, die neu errichtet oder doch um weitere Bauteile ergänzt werden. Hier tritt der neue Baugedanke am deutlichsten zutage: Das spätgotische ***Kanzleigebäude*** wird nach Norden hin verlängert, der abschließende Giebel grenzt an die obere Mengstraße. Jetzt werden Sandsteinquadern zum Zierrat: Sowohl die Bögen der Vorhalle als auch die Entlastungbögen über den Fenstern im Obergeschoß sind mit ihnen durchsetzt, die Wände dazwischen durch steinerne Bänder horizontal gegliedert. Große Kunststeinreliefs zieren den Raum unterhalb der Fenster. Sie sind allerdings Kopien: 1926 hat man die Originale aus Sandstein wegen fortschreitender Verwitterung ersetzt. Auch der geschwungene Giebel ist erst ein Werk von 1791, ebenso wie die Ziervasen zu beiden Seiten. Ursprünglich zierte das Kanzleigebäude ein Treppengiebel.

Auch der östliche Bogen ist erst 1926 geöffnet worden, ursprünglich ist nur der westliche, der zum Laubengang hinter dem Kanzleigebäude gehört.

Der zweite Bau ist das 1584 errichtete ***Zeughaus,*** also das ursprüngliche Waffenarsenal der kleinen Truppe von Stadtsoldaten, die auf dem davor liegenden Straßenraum Parade aufmarschierten. Auch hier wurde ein Treppengiebel später zu einem schlichten Dreieck umgewandelt. Die Fensterreihen sind durch Sandsteinbänder jeweils auf den Höhen der waagerechten Fensterkreuze, ebenfalls aus Sandstein, miteinander verbunden und markieren so zusätzlich zu den Simsen die einzelnen Geschosse. Über ihnen entlasten Korbbögen den Druck. Dabei sind in die Backsteinbögen Zierquader eingefügt.

Die Sandsteinumrahmung des Portals wird durch seitlich vorspringende Formsteine gegliedert; dabei wechseln Diamantquader mit Ziersteinen ab. Den Scheitel bildet ein Löwenkopf. Die Figur des Kriegsgottes Mars ist eine Kopie einer Staue, die ursprünglich im Renaissancegiebel Schüsselbuden 14 stand.

Wo die spitz zulaufenden gotischen Hochblenden nicht einfach übernommen wurden, schufen die Baumeister jetzt oft Blenden mit Rundbögen. Um die Waagerechte stärker zu betonen, setzten sie zwischen die Luken oder Fenster der einzelnen Geschosse gerne Reihen von kreisförmigen Blenden, manche wurde mit Terrakotta-Medaillons geschmückt. Auch beim Giebel traten neben den bekannten Treppengiebel nun auch andere Formen. Bei anderen Umbauten bevorzugten die Bauherren glatte Fassaden mit großen rechteckigen Fenstern auf einem betonten durchlaufenden Gesims, vielfach wurden die Fensteröffnungen in eine Nische unter einem Korbbogen gesetzt oder mit einem Entlastungsbogen versehen. Wo man Fensterlaibungen oder auch Blenden stärker betonen wollte, kam auch der Taustab als Begrenzung zum Einsatz. Und wo der Platz es erlaubte, wurden die Giebelfassaden auch breiter und betonten so ebenfalls die Waagerechte.

Ein besonders in der Renaissance häufig genutztes Dekor waren rechteckige Platten für Friese oder einzelne Medaillons aus Terrakotta. Statius von Düren hatte vor dem Holstentor eine regelrechte Fabrikation begonnen, wo die verschiedensten Motive mit Modeln seriell produziert werden konnten. Da gab es zum Beispiel idealisierte Portraits, biblische Szenen, besonders gerne mit dogmatischen Bezügen, aber auch Halbfiguren, die zwischen die Fenster gestellt als Karyatiden oder Atlanten dienten. Dabei finden wir heute so manche Terrakotten nicht mir an ihrem ursprünglichen Platz. Nicht nur die Fliegerbomben, auch die Spitzhacke hat viele Renaissancefassaden zerstört, um Platz für Neubauten zu schaffen. Zum Glück wurden die Friese oft gerettet und an anderer Stelle angebracht.

Am Haus Mengstr. 27. ist noch eine die ganze Fassade überspannender Fries mit solchen Medaillons erhalte. Darunter findet sich eine religiöse Darstellung in drei auch thematisch getrennten Bildern, die in sich nochmals verschiedene Szenen vereinen. Die linke Platte stellt den Sündenfall dar: Das erste Menschenpaar läßt sich von der Schlage verführen und ißt die verbotene Frucht – die Folge ist die Sterblichkeit, drastisch gezeigt mit dem Skelett im Grab. In der Mitte eine besondere Interpretation der Golgathaszene: Christus hängt gekreuzigt am Weltenbaum. Zu seiner Linken Anspielungen auf zwei alttestamentliche Geschichte: Gott übergibt Mose

die Gesetzestafeln (2. Mose 20) und darunter der Pfahl mit der ehernen Schlange, deren Anblick die sündhaft gewordenen Israeliten vor dem Tod bewahrt (4. Mose 24) – zwei theologische Anspielungen – das Gesetz kann nicht retten, wohl aber der Sühnetod Jesu, der in der jüdischen Bibel durch die eherne Schlange schon angedeutet wird. Zur Rechten dann der Beginn der Erlösung allein aus Gnaden: die mit der Geburt des Erlösers beginnt. Die rechte Platte zeigt zunächst die Empfängnis der Maria, der der Kreuztragende Jesus zueilt, darunter dann die Auferstehung doppelt: Einmal trägt der Auferstandene selbst die Siegesfahne, dann symbolisch auch das Lamm (vgl. Johannesevangelium 1, 29), dessen Blut im Kelch gesammelt nun im Abendmahl die Erlösung Gestalt werden läßt. Es ist eine mehrfach (aus in Lübeck) zu findende Darstellung der reformatorischen Lehre von ‚Gesetz und Gnade'.

Einen reichen Figurenschmuck trug einst das Haus Braunstr. 4, das zugunsten der Postgebäude abgerissen wurde. 1879 wurden die einzelnen Elemente in die Fassade einen Neubaus in Neorenaissance Musterbahn 3 eingefügt.

Wo auch immer wir durch die Lübecker Altstadt wandern, überall finden sich erhaltene, wenn auch vor allem im Bereich des Erdgeschosses stark veränderte, Fassaden von Giebelhäusern aus der Renaissance. In der Mengstraße etwa können wir mehrere Giebel nebeneinander entdecken, die heute die historische Gaststätte des zerstörten Schabbelhauses ersetzen. Nur dessen Portal wurde gesichert und hierher versetzt.

Ebenfalls mehrere Renaissance-Giebel in Reihe zeigen die ehemaligen Brauhäuser in der Wahmstraße 31-35, aber auch die Salzspeicher neben der Holstenbrücke.

*Glockengießerstr. 31*

*Pastorenhäuser am Koberg*

ankwartsgrube 26

Schiffergesellschaft Breite Str. 2

## E. Zur Herkunft des Baumaterials – Lübecks Ziegeleien

*Sandsteinmuseum Havixbeck, Maßwerk*

Millionen von Backsteinen sind wohl allein im Mittelalter in der Stadt verbaut worden. Sie alle mußten jedoch erst einmal hergestellt werden. Aber woher kam das Material, wo wurde es verarbeitet, wo zwischengelagert, wer organisierte und beaufsichtigte diese fast schon industrielle Produktion? Alles Fragen, die es zu klären gilt. Zunächst: Backstein war kein preisgünstiger Ersatz für Sand- oder Kalksandstein. Im Gegenteil: Transporte natürlicher Steine kostete manchmal weniger als die aufwändige Produktion aus Ton. Doch schon deren pure Menge bewog die Lübecker, auf Backstein zu setzen. Ton-Lagerstätten waren schließlich dank der Eiszeiten in den Niederungen der Trave reichlich vorhanden. Daß dennoch so manches Teil an gotischem Maßwerk etwa von den Baumbergen westlich von Münster importiert wurde, lag an der gewünschten Feingliedrigkeit dieser Teile und auch an dem Können der dortigen Steinmetze.

Während heute moderne Ziegelfabriken mit einer Brennzeit von wenigen Stunden auskommen, erforderten die mittelalterlichen Backsteine eine lange Produktionszeit: Die ausgegrabene Tonerde mußte erst einmal zubereitet werden. In den Sommermonaten wurde das Material gestochen und mußte zunächst überwintern, um auszufrieren und damit unerwünschte Mineralien zu entfernen. So konnte im kommenden Jahr der Ton besser bearbeitet werden. Er wurde

*Ziegelei 1716*

aufgeweicht und geknetet jeweils unter Beigabe von Sand, Stroh oder anderen Stoffen Das fertige Gemisch wurde dann in die entsprechende Form gebracht und mußte anschließend, auf großen Gestellen gelagert, in der Sonne etwa vier Wochen lang trocknen.

Zum Brennen wurden die fertig geformten Ziegel in Meilern aufgeschichtet, die dann von außen mit einer Lehmschicht abgedichtet werden mußten. Das Feuer im Inneren durfte nur langsam höhere Temperaturen entwickeln, damit die Feuchtigkeit entweichen konnte. Nach einer Woche konnte die Hitze zunehmen und eine weitere Woche lang anhalten, danach verschloß man den Meiler und ließ ihn langsam auskühlen, was ebenfalls bis zu zwei Wochen dauern konnte. Meiler konnten eine große Zahl Ziegel gleichzeitig herstellen, auch wenn ihre Qualität je nach Lage im Inneren unterschiedlich war. So wurden sie bis ins 19. Jahrhundert trotz der Erfindung von Brennöfen weiterhin genutzt.

Wie gesagt: Tonschichten gab es rings um Lübeck in großem Maße. Und dort, wo er abgebaut werden konnte, wurde er auch weiter verarbeitet. So entstanden ab dem 12. Jahrhundert mehrere Ziegeleien, um den hohen Bedarf vor allem der Kirchbauten, aber auch der Stadt mit ihren Mauern und

Türmen zu decken. Da möglichst auf Vorrat produziert wurde, richtete man an anderer Stelle auch Ziegelhöfe ein, in denen der fertige Backstein gelagert werden konnte. Sowohl der Dom als auch die Petrikirche hatten ihre eigenen Produktionsstätten.

Die St. Petri-Ziegelei lag ursprünglich vor dem Holstentor, ihr Lagerplatz war nahe der Dankwartsbrücke. Als dort Wälle zur besseren Verteidigung errichtet wurden, verlegte man die Ziegelproduktion weiter südlich auf das rechte Traveufer – etwa auf dem heutigen Grundstück Geniner Straße 82. Nur der Ziegelhof blieb am alten Platz Nachdem der Kirchbau im Wesentlichen vollendet war, wurden Backsteine zunehmend auch an die Hausbesitzer in der Stadt verkauft – ein einträgliches Geschäft.

Der Ziegelhof des Rates befand sich weiter traveabwärts nahe der heutige Einsiedelstraße und wurde erstmals 1462 erwähnt. Die Ziegelei selbst lag ebenfalls auf dem Holstenfeld – der Name Ziegelstraße erinnert bis heute daran. Im 16. Jahrhundert wurde sie an die Petri-Ziegelei verpachtet, die bereits 1571 die Jakobi-Ziegelei übernommen hatte. Auch der Dom hatte eine eigene Ziegelei, gegenüber der Engelsgrube an der Trave gelegen, ebenso wie der städtische Bauhof, der auf den Wiesen des Dorfes Genin nach Ton grub. Daneben existierten auch viele private Ziegeleien bis ins vergangene Jahrhundert hinein. Aus dem Jahr 1870 wird ihre Zahl mit 11 angegeben, nach 1945 waren es noch vier. Als letzte stellte die Hanse-Ziegelei an der Kronsforder Landstraße 2005 ihren Betrieb ein. Die Gebäude wurde dann 2013 abgerissen.

Aber es gab auch Ziegelherstellung im Nebenerwerb. So hatte ein Bauer in Neddelsteenhof eine kleine Ziegelei direkt an der Trave, und als das Gelände abgeziegelt war, kaufte ein Nachkomme vom Besitzer des Hofes Buntekuh ein neues bei Hohenstiege, ebenfalls neben der Trave, denn die brauchte er zum Abtransport der Backsteine. Und wiederum fünfzig Jahre später – 1873 – zog die Ziegelei an ihren letzten Standort – Moislinger Allee Ecke Buntekuhweg. Das ganze Gebiet des Hofes diente nun für den Tonabbau, der Name Buntekuh wanderte zur Ziegelei, die inzwischen industriell produzieren konnte. Auch sie ist inzwischen verschwunden, nur die Fabrikantenvilla gegenüber steht noch.

Im 19. Jahrhundert zog also die moderne Technik in Form von Dampfmaschinen auch in Lübecks Ziegeleien ein. Damit konnten viele Arbeitsgänge maschinell ausgeführt werden, auch die neu erfundenen Ringöfen erlaubten eine ununterbrochene und zugleich sehr gleichmäßige Produktion. An Stelle des handgestrichenen, farblich variierenden Backsteins war der Industrieziegel getreten, wesentlich billiger in der Produktion, aber absolut gleichförmig im Aussehen.

Bis heute erkennbar ist die Herkunft der Backsteine an den Ziegelstempeln, mit denen die einzelnen Hersteller ihre Produkte kennzeichneten. So verwendete der Rat natürlich den lübschen Adler und die Petri-Ziegelei das Kennzeichen des Heiligen, den Schlüssel. Der Bauhof nutzte ein schlichtes Dreieck mit einem Strich quer hindurch, und der Dom eine Glocke als Symbol.

# F. Die Wiederkehr des Backsteins – der Historismus

Wer Backstein sagt, denkt wohl vor allem an die Epochen der Gotik und der Renaissance. Mit dem Barock aber verschwindet der rote Ziegel für lange Zeit hinter dem Putz, der nun die Fassaden ziert. Allerdings bleibt er dennoch das Material, aus dem Mauer und Wände bestehen oder auch neu entstehen. Dem Barock folgen Rokoko und Klassizismus, rund einhundert Jahre. Doch nach langer Zeit im Verborgenen kehrt der Ziegel wieder zurück, eine größere Vielfalt im äußeren Erscheinungsbild der Gebäude läßt auch ihm wieder mehr Raum, nun allerdings meist aus industrieller Produktion und entsprechen einheitlicher, aber auch eintöniger. Denn jetzt beginnt eine weitere Epoche der Architekturgeschichte, die wir wegen wegen ihrer Zitierung längst vergangener Stilformen ‚Historismus' nennen. Begonnen hat sie eigentlich bereits mit jenem Stil, der als ‚Historismus' bezeichnet wird und der im Grunde schon auf vergangene Stilepochen zurückgreift. Nun aber werden alle Bauformen früheren Zeiten in abgewandelter Form reaktiviert und oft auch bunt durcheinandergemischt.

Immer häufiger aber geschieht nun ein Rollentausch: War das Mauerwerk aus Backstein und die Verkleidung der Putz, so übernehmen nun auch andere Materialien den eigentlichen Bau: künstlicher Kalksandstein, Poren- oder Stahlbeton sowie Eisenkonstruktionen vor allem im Industriebau. Der Ziegel dagegen übernimmt dann als bloßer Verblendstein quasi die Rolle des Putzes.

### 1. *Die Neogotik*

Es ist vor allem die Gotik, die ab Mitte des 19. Jahrhunderts als der eigentliche Ausdruck deutscher Baugesinnung gepriesen wird, obwohl sie ja eigentlich im Herzen des damaligen Erzfeindes Frankreich entstanden ist. Allerdings – wie sehr auch einzelne Bauformen übernommen werden, das eigentliche Merkmal der Gotik, das Leichte, Aufwärtsstrebende, der

Verzicht auf tragende Mauern zugunsten von Strebepfeilern und stützenden Bögen, tritt fast nie mehr in Erscheinung. Dennoch entstehen durchaus beeindruckende Bauwerke, nur eben in Neogotik, und die ist eben anders als ihr vermeintliches Vorbild.

Betrachten wir zunächst die Kirchbauten, die in der rasch wachsenden Vorstadt vor dem Holstentor um 1900 entstanden: Am Steinrader Weg hinter dem neuen Bahnhof ist es die ***St. Lorenzkirche***. Sie ersetzt einen längst zu klein gewordenen Vorgänger, der neben dem 1597 angelegte Pestfriedhof errichtet wurde und danach für die Einwohnerschaft auf dem Holstenfeld als Gemeindekirche diente. 1898 begann man deshalb mit einem Neubau, einer gotisierenden Backsteinkirche mit einem südlich gelegenen Seitenschiff sowie einem hohen Turm, der allerdings keine Glocken erhielt. Sie bekamen einen eigenen kleinen Turm auf dem Friedhofsgelände. Blicken wir auf die Nordfront, so sind alle Einzelheiten der Gotik nachempfunden, dennoch wirkt er eher breitgelagert und damit ‚ungotisch'. Auch der polygonale Chorabschluß zeigt sich mit einem Spitzbogenfries stilecht, ebenso wie die Giebelfelder des Turms, dessen Spitze vier seitliche Türmchen beigegeben sind. Der Westgiebel mit dem Haupteingang nennt alle gotischen Stilelemente: Spitzbogen-Portal mit tiefem Gewände, Strebepfeiler, eine Rosette und Blendbögen, die allerdings in Rundbögen enden.

Daß viele Kirchenneubauten überall im neuen deutschen Kaiserreich neogotisch konzipiert sind, hat seinen Grund in einem bereits 1856 von der liturgische Konferenz vorgeschlagenen und 1860 vom Evangelische Kirchentag beschlossenen Gestaltungsvorschlag, der 1861 dann im sog. Eisenacher Regulativ auch kirchenamtlich wurde. Diese Grundsätze forden eine nach Osten ausgerichtet basilikale Form mit kreuzförmigem Grundriß. Als Baustilvorlage wird ausdrücklich die Gotik genannt. Rund 30 Jahre lang ist nach diesen Vorgaben gebaut worden.

Das erklärt auch das Erscheinungsbild der fast zeitgleich errichteten ***St. Matthäikirche*** an der Schwartauer Allee. Hier plante man zugleich mit dem Kirchbau auch die Errichtung von Pastorat und Gemeindehaus. Es entstand ein vierjochiges Kirchenschiff mit südlichem dreijochigen Seitenschiff und einem in den Winkel zwischen Haupt- und Seitenschiff gestellten Turm, alles nach dem Eisenacher Regulativ im Stil der Neogotik. Die einzelnen Joche des Seitenschiffs sind jeweils mit einem hohen Giebel hervorgehoben. Zur Straße hin wurde dem Hauptschiff eine dreijochige Halle vorgesetzt. Gemeindehaus und Pastorenwohnung sind im rechten Winkel an die Südseite des Chores angefügt. Auch hier griff der Baumeister auf den roten Ziegel als Baumaterial zurück.

Ein gleiches gilt auch für die katholische Kirche in der Parade. Seit die Bürgerschaft im Jahre 1530 den Übergang der Stadt zur Reformation durchgesetzt hat, war es Katholiken verboten, außerhalb des Domes öffentlich Gottesdienste zu feiern. Erst 1811 ließ die zeitweise französisch gewordene Stadt auch offiziell andere Glaubensrichtungen zu, und 1891 konnte die katholische Gemeinde ein eigenes Gotteshaus in der Altstadt errichten, das seinerzeit dem Herzen Jesu geweiht wurde. Es ist eine neugotische Hallenkirche, entgegen der üblichen Regel nach Westen ausgerichtet. Die fünf Joche enden in einem polygonalen Chorraum. Dreibahnige Fenster unter Spitzbögen belichten den Raum. Die Ostfront wird von dem viergeschossigen Turm geprägt, der vor das Gebäude gesetzt wurde und so Portale an allen drei Seiten aufweist. Die Seitenschiffe schließen unter einem jeweils halben Treppengiebel mit Eckturm. An der Südseite ein Treppenturm. Das vierte Geschoß des Turms hinter Zinnen zurückgesetzt, darüber Giebelfelder mit Rosetten, an der Spitze eine Laterne mit Kupferverkleidung. Hingewiesen sei auch auf das Pfarrhaus daneben.

Ebenfalls häufig der Gotik verpflichtet sind viele öffentliche Gebäude. In Lübeck waren es zum Beispiel das neu am Markt errichtete Hauptpostamt oder die Fassade des ehrwürdige ***Katharineums*** in der Königstraße. Beide erlitten im Krieg 1942 einige Schäden und wurden teilweise in ihrer äußeren Form reduziert. Das Katharineum erhielt als Ersatz für die verlorenen Giebel eine moderne Version, die Hauptpost verlor einiges an Zierrat wie die hohen Giebelaufbauten. Verachtung dieses Baustils führte dann dazu, dem Postgebäude eine schlichte und nichtssagende Fassade, allerdings ebenfalls ziegelsichtig, vorzusetzen. Doch auch die ist mit Abriss des Gebäudes bereits wieder Geschichte.

Erhalten blieb dagegen der gegenüberliegende ***Posthof*** im Schüsselbuden, der das Telegraphenamt aufnahm. Auch diese eigentlich recht klobige Backsteinfassade ist mit gotisierenden Elemente aufgelockert: Während das erste Obergeschoß große Fenster und Korbbögen aufweist, wird die restliche fensterlose Wand von hohen Blenden unterbrochen. Pilaster enden in quadratischen Türmchen, die mit Schwibbögen jeweils ein mittleres Giebelelement mit Maßwerk-Blenden stützen.

Am imposantesten ist sicherlich das ehemalige unverändert gebliebene ***Gerichtsgebäude*** in der Großen Burgstraße 4-14, in dem heute Sozialbehörden des Landes untergebracht sind. Es ist ein ungotisch langgestreckter Baukörper, gegliedert durch einen breiten Mittelrisalit und zwei Eckrisaliten. Alle tragen einen Treppengiebel, den jeweils zwei Türme flankieren. Die Fassade wird durch die wechselnden Reihen von rotsichtigen und grünglasierten Ziegeln aufgelockert. Zwischen dem zweiten und dritten Obergeschoß zieht sich ein Sandsteinfries mit Blattwerk und Wappen, in den die Konsolen der hier beginnenden achteckigen Türme integriert sind.

Zu den öffentlichen Gebäuden zählt auch die ***Hauptturnhalle*** in der Mühlenstraße 74. Auch hier wird ein Mittelrisalit durch vier rund Türme gegliedert, die einem Fries unter dem Obergeschoß aufsitzen und mit glasierten Zeilen verschönert sind. Die Fenster teils mit Korb-, teils mit Spitzbögen geschlossen. Vor das abgewalmte Dach hat der Baumeister eine freistehende Mauer mit vielen kleinen Blendnischen gesetzt, in der Mitte ein eher barock geformter Giebel. Die seitlichen Gebäudeteile enden in einem Rundbogenfries, der wiederum einem anderen Baustil, der Romanik, entnommen zu sein scheint.

Hier wird der Begriff ‚Historismus' deutlich. Auch wenn wir Neoromanik, Neogotik, Neorenaissance und Neobarock unterscheiden, haben viele Bauten eben nicht durchweg nur eine Epoche zum Vorbild, sondern mischen eklektizistisch mehrere Stile. Das gilt für manche Bauten, von denen wir noch berichten müssen. Bleiben wir aber zunächst bei einigen Gebäuden in der Stadt, bei denen die Neogotik jedenfalls überwiegt.

*ssehl-Verwaltungsgebäude*
*eckergrube 38-42*

*Marienwerkhaus*
*Marienkirchhof 4-5*

Marzipan
Speicher
Cafe
97

Der Speicher mit dem schönen Namen ‚Bienenkorb' liegt An der Untertrave 79 und wurde aus einem frühere Giebelhaus 1871 zu einem neogotischen Lagerhaus umgebaut. Auffällig vor allem die mittlere Achse für die zurückgesetzten Ladeluken. Friese aus glasierten Formsteinen gliedern die Ziegelfassade. Der abgetreppte Giebel mit seinen erhöhten Eckpfeilern wird von Zinnen gekrönt, direkt darunter Spitzbogenblenden, unter denen wiederum Blenden mit einem kleeblattförmigen Abschluß liegen, darin Rosetten. Das Ganze eine reiche Sammlung gotischer Zitate.

Und es ist nicht das einzige Gebäude am damals noch genutzten Hafen am Traveufer. Darum noch ein Blick auf das Kontorhaus An der Untertrave 55-57. Das dreigeschossige Traufenhaus wird gegliedert durch zwei hervorgehobene Achsen: Sie enden in Treppengiebeln, unter denen je ein Erker herausragt, gestützt von zwei eher überdimensionierten Konsolen, die weit über ihre Funktion hinaus als Schmuckelement dienen. Die Horizontale ist stark betont durch Bogenfriese, die unterhalb der Fensterbrüstungen verlaufen. In den Giebeln Spitzbogenblenden.

## 2. *Neorenaissance und Neobarock*

Seltener sind Gebäude, die diesen historisierenden Stil mit Backstein verbinden, eher steht da die Weserrenaissance mit Sandsteinbauten Pate. Dort, wo Ziegelbauten barocke Zutaten aufzeigen, sind sie zugleich – einschließlich mancher Jugendstilelemente – doch eher dem Heimatschutzstil zuzurechnen. Ein deutliches Zeichen dafür, daß viele um 1900 herum entstandene Bauten recht unterschiedliche Anleihen machen. So sollen etwa Ernestinenschule und Johanneum oder das neue Bahnhofsgebäude unter der Überschrift ‚Heimatschutz' behandelt werde. Daß sich dennoch an manchen Häusern einzelne Elemente aus diesen Epochen finden, sei im Folgenden gezeigt, obwohl eine Auswahl schwierig ist.

Deutlich an der Renaissance orientiert ist sicherlich das 1880 errichtete Gebäude Königstr. 1-3, das 1907 um einen weiteren Baukörper nach Süden gut angepaßt erweitert wurde. Die gesamte Wandfläche wechselt zwischen Verblendziegeln und Sandsteinreihen. Das Erdgeschoß weist Rundbögen über Fenstern und dem Eingangsportal auf, auch sie mit Wechsel der Steinart. Im älteren nördlichen zwei Erker, die ebenso wie die Fenster dazwischen übergiebelt sind. Das mittlere Fenster wird von Pilastern gerahmt, das Dach schließt mit einer Balustrade, in der Mitte ein Zwerchgiebel mit reichem Schmuck. Die barocke Figur in der Nische stammt noch aus dem Vorgängerbau. Der neue Teil endet in einem Volutengiebel, ganz in der Tradition der Weserrenaissance.

Anklänge an die Renaissance finden sich auch in diesem Eckhaus Untertrave/Holstenstraße in den Fensterbögen, der Eckturm dagegen trägt eine eher barocke Haube, sonst hat der Architekt die Fassade frei gestaltet. Zahlreiche Schulbauten sind ab 1880 entstanden, auch sie lehnen sich an historische Vorbilder an, ohne daß man sie einem einzigen Stil zuordnen könnte. Als Beispiel mag der westliche Anbau der Oberschule zum Dom dienen. Viele Neubauten der sog. Gründerzeit sind eher eine Kombination unterschiedlichster Formen, wie bei diesem Eckhaus Mühlestraße/Königstraße.

Aber auch in die ab etwa 1880 rasch wachsenden Vorstädte kehrt der Backstein zurück, kombiniert mit allerlei Bauschmuck, vor allem an den Rahmungen der Fenster, wobei oft nicht mehr erkennbar ist, welche Epoche hier Pate gestanden hat. Hauptsache, es wirkt dekorativ auf die Betrachtenden.

## 3. *Versteckte Technik*

Die Übernahme vergangener Stilformen im sog. Historismus betraf nicht nur Wohn-, Geschäfts- und öffentliche Bauten, auch Fabrikhallen, Hafenschuppen oder Maschinengebäude versteckten sich gerne hinter gotischen oder barocken Fassaden. Nun war Lübeck erst spät zu einer Industriestadt geworden, folglich ist hier weniger zu entdecken, außerdem wurden viele nicht mehr genutzte Gebäudekomplexe längst wieder abgerissen, nur weniges unter Schutz gestellt. Dennoch finden sich auch hier einige Backsteingebäude, die dem Historismus zuzurechnen sind. Zum Beispiel Hafenanlagen auf der nördlichen Wallhalbinsel (Willi-Brandt-Allee). Auch die Maschinenhäuser an der Hubbrücke (offiziell: Marstallbrücke) sowie der Drehbrücke sind eher mittelalterlichen Burgen nachempfunden als erkennbar rein technische Bauten.

So dient der Brückenturm der Hubbrücke als Steuerstand und birgt die Hydraulikzylinder, mit deren Druck die beiden Brücken angehoben werden können. Neugotisch verkleidet, werden die vier Seiten durch hohe Rundbogenblenden aufgelockert. Über einem breiten Schmuckfries rahmen vier Ecktürme mit Achteckhelmen das Kontrollstockwerk, das von einem steilen Walmdach mit Gauben gekrönt wird. Ein zweiter Betriebsturm, kleiner, aber vielfältiger gestaltet, steht auf der Nordseite der Brücke. Das Hauptgebäude liegt unter einem Satteldach, es wird von zwei rechteckigen Türmen flankiert, die dann in Rundtürme mit spitzem Kegeldach übergehen. Auf dem Dach sitzt ein dreistöckiger, sich nach oben verjüngender Baukörper. Der untere Teil noch unterhalb des Dachfirstes, der mittlere würfelförmig und von vier runden Ecktürmen begleitet, darüber ein Rundturm, auf dessen Flachdach eine Metallplastik den hohen Mast stützt. In einer tiefen Blendnische grüßt das Lübecker Stadtwappen.

Der Gebäudekomplex an der Drehbrücke besteht aus einem zweistöckigen Hauptgebäude parallel zur Brückenzufahrt, das dort mit einem Treppengiebel endet, rückwärts mit einem massiven Turm abschießt. Sein Walmdach sitzt auf einem breiten Band mit spitzbogigen Blenden. Zur Trave hin schließt sich ein flacherer Vorbau an, auch er mit einem breitgelagerten Treppengiebel. Beide Giebel sind ebenfalls mit Blende gegliedert.

An der Einsiedelstraße liegt ein ausgedehntes Industriegelände, das heute von vielen verschiedenen Gewerben genutzt wird. Einst gehörte es zu einem der größten Lübecker Industriebetriebe. 1846 als Maschinenfabrik und Eisengießerei gegründet, wuchs der Betrieb – ab 1873 als Lübecker Maschinenbaugesellschaft – zur Schiffswerft und später vor allem zum Spezialisten für große Saugbagger heran.

1987 wurde der Schiffbau eingestellt, 2003 wurde das Unternehmen insolvent, es blieb stark verkleinert als Produktionsstätte für Windkraftanlagen. Einige leerstehende Hallen machte ein begeisterter Unternehmer zur ‚Kulturwerft' und sicherte so deren Erhalt. Andere Gebäude sind dem Verfall preisgegeben, vor allem eine mit neogotischen Elementen geschmückte Halle.

Mit gotischen Zinnen bewehrt ist dagegen das einstige Verwaltungsgebäude der Schiffswerft Henry Koch in der Hafenstraße 27-29, heute eine nur vom Glashüttenweg aus erreichbare Sackgasse. Der Unternehmer, in Australien reich geworden, investierte in den Bau von stählernen Schiffen, in Lübeck damals noch neu. 1882 erwarb er vom Lübecker Staat das Gebiet am Traveufer und errichtete eine Werft. Sie ist zwar seit 1934 Geschichte, das frühere Kesselhaus blieb als Industriedenkmal erhalten. Das daneben liegende Bürogebäude wirkt wie eine mittelalterliche Burg mit ihrem angefügten Turm. Beide, Haus und Turm, schließen nach oben mit einer vorspringenden Attika, von einem Bogenfries getragen und mit einem Zinnenkranz gekrönt.

# G. Versuche mit einer neue Formensprache

## 1. *Heimatschutz-Stil*

Unter diesem Begriff fassen die Kunstgeschichtler den Versuch auf, sich von der bloßen Übernahme historischer Stilelemente ohne Bezug zum Zweck eines Gebäudes abzuwenden und sich auf andere, lokale, also ‚heimatgebundene' Traditionen rückzubesinnen. Dazu gehört auch die Nutzung von Baumaterial, das regional verwurzelt ist, also auch Backstein. Bloße Zierelemente wurden verpönt, auch wenn dann manches aus Barock und Jugendstil doch wieder Eingang in die Gestaltung fand.

Es sind vor allem zwei Schulen, die um 1900 errichtet wurden und ihre Backsteinfassaden mit Sandsteinschmuck verbinden. Beide hat der damalige Baudirektor Johannes Baltzer entworfen, und für beide mußten andere Gebäude Platz machen, obschon sie von großer historischer und baugeschichtlicher Bedeutung waren. 1903 wurde die ***Ernestinenschule*** vollendet. Sie ersetzte die sog. Bernstorffsche Kurien, drei Gebäude mit geschwungenen Barockgiebeln, die seit 1706 auf dem Grundstück Kleine Burgstraße 24-26 standen. Immerhin nahm Baltzer die Fassadenform mit den Barockanklängen in den Giebeln in abgewandelter Form wieder auf. Auch der Uhrenturm über dem Hauptgiebel mit seiner welschen Haube erinnert an Barockkirchen. Das Portal dagegen hat die Renaissance zum Vorbild, dennoch sollte man dieses Gebäude nicht dem Historismus zurechnen. Hinter den fünf großen Fenstern im zweiten Obergeschoß des Hauptgiebels

verbirgt sich die Aula. Hervorgehoben die mittleren Fenster mit einem geschweifte Giebelteil über den erhöhten Mittelfenstern mit seitlichen Obelisken, dieser Teil auch durch Pilaster an beiden Seiten hervorgehoben, auf denen Hermen sitzen.

Weniger schmuckreich ist das ein Jahr später vollendete ***Johanneum*** in der Straße Bei St. Johannis. Der Name erinnert daran, daß hier mehrere Gebäude des einstigen Benediktinerklosters St. Johannis abgerissen werden mußten, um dem Bau des damaligen Realgymnasiums zu weichen. Die Schule ist ein L-förmiger Bau mit je einem Trakt zur Dr.-Julius-Leber-Straße und zur Straße Bei St. Johannis. In ihr auch der vorgesetzte Hauptgiebel mit

dem Eingangsportal. Das Giebelfeld selbst wird markiert durch flache Pilaster aus Ziegeln und starken Gesimsen, die auch die barock geschweiften Ränder bestimmen. Die Pilaster werden jeweils von Kugeln gekrönt. Zwei weitere etwas einfachere Giebel rahmen den Klassentrakt an der Dr.-Julius-Leber-Straße, am hinteren ist ein Treppenturm eingestellt. Die westlich anschließende Aula ist dagegen verputzt. Auch hier erinnert das Eingangstor mit seinen vielen Schmuckzutaten an die Renaissance.

*Dr. Julius Leber-Straße 23*

Recht unterschiedlich gestaltet sind die vielen anderen Gebäude im Heimatschutzstil, die wir in Lübeck finden. Nahezu ohne Zitate von historisch vergangenen Baustilen kommt etwa die Fassade ***Dr.-Julius-Leber-Str. 23*** aus, sehr schlicht und geradlinig wirkt auch das Gebäude des (ehemaligen) ***Marienkrankenhauses*** Parade 3. Nur flacher Backsteinschmuck in den Fensterbrüstungen und der mächtige Sandsteingiebel auf dorischen Säulen fällt ins Auge. Die Rundbogenfenster im mittleren Obergeschoß beleuchten eine Kapelle. Darüber anstelle der in den Seitenteilen weit vorspringenden Traufen eine Schaufront. Diese Seiten haben im Erdgeschoß jeweils einen weit vorspringenden Erker. Sonst sind die Fensterreihen in schlichten Rechtecken ohne besonderen Schmuck gereiht.

Andere Gebäude wiederum zitieren barocke Elemente, wie etwa der ***Hauptbahnhof*** dessen einzelne Schmuckelemente auch dem Jugendstil nahestehen. Das gesamte Gebäude ist dreigeteilt. Die weitaus höhere Mitte

bildet die Fassade der Schalterhalle. Über drei geschwungenen Vordächer drei große, rundbogige Fenster, getrennt von kleineren vieleckigen Halbtürmen. An den Ecken des Mittelbaus mächtige achteckige Türme. Sie alle sind durch eine hohe Balustrade verbunden und tragen welsche Haube mit zusätzlichen Laternen. Über dem Doppelwalmdach sitzt ein mit Kupfer verkleideter rechteckiger Turm, auch er mit einer Balustrade und dahinter ebenfalls ein Türmchen mit Haube und Laterne.

Die Fensterbögen mit Hausteinelementen enden in drei Schlußsteinen, ein Werk des Bildhauers Friedrich Volke. Putten rahmen den Stein mit einem Relief, dem Brustbild mit Vertretern dreier Berufe, die im Zusammenhang mit dem Bahnhof stehen: In der Mitte symbolisiert ein geflügelter Mann den Verkehr, an den Seiten ein Kaufmann den Handel und ein Schmied die Arbeitskräfte, die den Betrieb schufen und unterhalten.

Die seitlichen Gebäude sind unterschiedlich lang, niedriger und zurückgesetzt dienten sie der Verwaltung. Der nördliche Flügel wurde durch Bomben stark geschädigt und nur notdürftig wiederhergestellt. Der südliche kann uns noch das ursprüngliche Aussehen zeigen. Auch die Nebengebäude trugen ein Walmdach und endeten mit einem vorspringenden Giebel in barocker Formgebung.

In der Moislinger Allee 67 steht zwischen Häusern aus der Zeit um 1900 ein Wohngebäude aus den 1920er Jahren, das man zwischen Heimatschutz und Expressionismus ansiedeln kann: Ein kräftiger Mittelteil springt vor und überragt mit gezacktem Abschluß die Traufe. Die jeweiligen Gebäudekanten sind stark betont durch Zierleisten, auch zwischen den Fensterzonen betonen vorspringende Ziegel die Senkrechte. Interessant auch die Gestaltung des Eingangsbereiches.

Ein besonders konsequenter Vertreter des Heimatschutzstils war mit Sicherheit ***Carl Mühlenpfordt***, seit 1907 Leiter der Lübecker Bauverwaltung. Seinem Reformwillen verdankt die Stadt nicht nur Großprojekte wie die Heilanstalt Strecknitz und das Gefängnis Lauerhof, sondern auch etwa ein Dutzend Backsteinbauten, die nun ohne alle Anspielungen etwa auf barocke Formen auskommen. Mühlenpfordt entwarf die Villa für die Fabrikantenfamilie Dräger am Finkenberg, errichtete Kirche, Leichenhalle und Krematorium auf dem neu eröffneten Vorwerker Friedhof und plante den Schulbau am Falkenplatz, der heute der Volkshochschule dient. Und diese Aufzählung ist keineswegs vollständig.

Vorwerker Friedhof,
Kapelle und Leichenhalle

Finkenberg: Villa der Familie Dräger und Nebengebäude

Finkenberg: Nebengebäude Dräger-Villa mit Details aus dem Schmuckfries

Moislinger Allee: Verwaltungsgebäude der Drägerwerke

So wurde er auch mit den Planungen für Kücknitz betraut. Das alte Dorf war vor allem durch die Eröffnung des Hochofenwerkes in Herrenwyk zum Teil der neu entstehenden Industrieregion entlang der unteren Trave geworden. Auch wenn das Hochofenwerk eine eigene Siedlung für seine Belegschaft errichten ließ, wuchs die Bevölkerung nördlich der Trave zunehmend. Die kirchliche Zugehörigkeit zu Ratekau war bald nicht mehr zeitgemäß, deshalb erreichte der Lübecker Senat, daß dieses Gebiet dort ausgepfarrt wurde. Als neue, nun Lübecker Kirchengemeinde erhielt Kücknitz 1910 eine lutherische Kirche mit dem Patronat des Hl. Johannes und erinnerte so daran, daß das Dorf einst im Besitz des Lübecker St. Johannisklosters war.

Dafür entwarf Mühlenpfordt auf einer flachen Erhebung in weithin noch unbebautem Gelände einen neuen Mittelpunkt für den wachsenden Stadtteil mit einem zusammenhängenden Ensemble von Kirche, Pastorat und Volksschule. Im Mittelpunkt stand der mächtige Turm, an den sich ein recht bescheidenes Kirchenschiff anschloß,

das aber 1956 um sieben Meter verlängert werden mußte, so daß seine Rückwand nun bis an das Pastorat reicht. Während der südlich anschließende Schulbau teils geschwungene Giebel zeigt, blieb der Turm geraden Linien und dem Rundbogen treu: Im Sockelbereich, zu dem eine breite Freitreppe hinaufführt, öffnet ein tiefgestaffeltes Rundbogen Portal den Zugang zur Kirche. Die darüber liegende Fläche wird durch hohe ziegelsichtige und rund abschließende Blendbögen gegliedert, in denen die Steine Muster bilden und kleine weiß verputzte Quadrate umschließen, die in Doppelreihen bis zu den Schalluken aufsteigen.

Da mit der Industrie zunehmend auch Arbeitskräfte aus katholischen Gegenden hierher zogen, wurde Mühlenpfordt zeitgleich auch mit dem

Bau einer katholischen Kirche für den neuen Stadtteil beauftragt, nur wenig vom Zentrum entfernt, aber heute doch etwas versteckt liegend. Die Kirche wurde 1910 dem heiligen Joseph geweiht – als zweite katholische Pfarrkirche auf Lübecker Staatsgebiet. Ein richtiger Kirchturm wurde ihr jedoch versagt, so blieb es bei einem Dachreiter mit einer barockisierenden Laterne. Der Saalbau selbst liegt unter einem Satteldach mit schmucklosem Giebel, dem nach Westen hin ein kleinerer und schmalerer Vorbau angefügt ist, ebenfalls mit Satteldach. Daneben das Pfarrhaus, das ein wenig an ostholsteinische Gutshäuser erinnert: einstöckig unter hohem Walmdach mit einem übergiebelten Mittelrisalit.

## 2. *Der Expressionismus*

Die 20er Jahre des 20. Jahrhunderts waren eine Zeit des Umbruchs. Das deutsche Kaiserreich war zerbrochen und der Republik gewichen; alte Vorstellungen galten vielen nichts mehr. In Weimar versammelten sich im Bauhaus Architekten, Künstler und Handwerker, um ganzheitliche Formen zu finden. Und wie einst aus der Gotik heraus sich eine ganz eigenständige Backsteingotik entwickelt hat, so entsteht besonders im nördlichen Deutschland eine Sonderform dieser modernen Bewegungen, der Backstein-Expressionismus. Besser sollte man allerdings sagen: der Klinker-Expressionismus. Denn nun nutzen die Baumeister nicht mehr den als leblos empfundenen Industrieziegel, sondern greifen auf den wesentlich härter gebrannten Klinker zurück. Keine Rückbesinnung auf die vergangenen Formen mehr, kein Liebäugeln mit historisierenden Schmuckelementen. Einfache Formen, aufgelockert nur durch Linie und Kreis, geometrische Gestaltung der Fläche eben mit dem Klinker, spärliches Dekor – das alles macht den Expressionismus zu einem eigenen Stil, der besonders in Lübeck zahlreiche bedeutsame Bauwerke hervorgebracht hat.

Am ***Klingenberg*** – Sandstraße 24-28 – ist eines davon zwar im Krieg ausgebrannt, aber in seinem äußeren Gehäuse relativ gut erhalten geblieben. 1929 wurde es als Kaufhaus der Konsumgenossenschaft errichtet und nun auch wieder von störenden Um- und Anbauten befreit. Die ersten drei Obergeschosse der Fassaden sind gegliedert durch flache, spitz zulaufende Erker mit großen kleinsprossigen Fenstern, das nächste Geschoß auf einem rustikalen Gesims, das oberste zurückgesetzt unter einem auf Konsolen ruhenden Flachdach. Der zur Straßenecke hin liegende Bauteil wird durch waagerechte Bänder gegliedert, die Brüstungen der Erker durch dünne Streben hervorgehoben. An den Spitzen ein abstrakt wirkender vergoldeter Keramikschmuck. Das Untergeschoß hat dagegen durch Ladeneinbauten seine ursprüngliche Form eingebüßt.

Noch zwei weitere Gebäude des Expressionismus finden sich in der Altstadt: Da ist einmal das ehemalige Gewerkschaftshaus in der ***Dr. Julius Leber-Straße***. Das Bürogebäude – heute für eine städtische Behörde genutzt – ist ein Kubus mit Flachdach, das schmale Wohnhaus übernimmt die traditionelle Form eines Giebels, während die Fassade zu beiden Seiten

ihre Spitzdächer verschämt verbergen. Beide betonen die Senkrechte durch spitze Pilaster, die auf dem Erdgeschoß aufsitzen und gliedern damit zugleich die Fensterreihen. Das Gewerkschaftsgebäude hat über den vier Geschosse noch ein weiteres zurückgesetztes.

Das zweite Gebäude ist ein Wohn- und Geschäftshaus ***Große Burgstraße 27*** Die Pilaster dort gliedern auch noch den Giebel, indem die mittleren hochgezogen werden. Alle haben einen krönenden Abschluß. Bemerkenswert ist vor allem die kunstvolle Gestaltung des Mauerwerks in den Brüstungsfeldern.

Interessant ist auch das langgestreckte Wohngebäude in der ***Falkenstraße 4,*** das im Mittelteil der Querstraße Reiherstieg sowie den seitlichen Fußwegen Durchlaß gewährt. Errichtet 1928 von Carl von Ladiges. Kräftige Simse gliedern den mittleren Teil unter einem Traufdach mit durchlaufender Dachgaube. Seitlich davon überragt je ein risalitähnlicher Vorbau die Dachzone und gliedert den Gebäudekomplex. Die geschoßübergreifende Fensterzone eines Treppenhauses wird jeweils von zwei spitz zulaufenden Erkern begleitet, die Fensterzone dort durch starke Gesimse abgesetzt und durch mehrere Ziegelbänder gegliedert. Auch in den übrige Gebäudeteilen eine ähnliche Gliederung durch Gesimse, im mittleren Teil wird die Senkrechte durch drei Pilaster betont, auf denen im obersten Geschoß Keramikfiguren aufsitzen, die die am Bau beteiligten Gewerke repräsentieren.

Der Vorplatz des Hauptbahnhofes trägt offiziell die Straßenbezeichnung Am Bahnhof. Dort wurde 1924 ein imposantes Bürogebäude errichtet, das heute zu einem Hotel umgebaut wurde, seine expressionistische Fassade aber bewahrt hat. Ähnlich den Hamburger Kontorhäusern hat man einen Skelettbau aus Stahlbeton dann mit Klinkern verkleidet. Das abgewalmte Dach ist nur an den Seiten sichtbar, der breite Mittelteil überragt mit seiner Attika das Dach. Gegliedert wird er durch zahlreiche gemauerte Halbsäulenpaare, die oben mit einer Dreieckspitze abschließen und jeweils die Fenster aufnehmen. Deren Brüstungsfelder sind nicht nur durch geometrische Ziegelsetzungen verziert, sondern haben mittig auch eine zusätzliche Klinkerkeramikverzierung. Das gesamte Sockelgeschoß ist mit leicht zugespitzten Fensteröffnungen versehen (eine davon als Eingang). Die Schlußstei-

ne der Bögen sind ebenfalls als Terrakotta-Elemente ausgebildet, beidseitig des Eingangsportals Plastiken auf gegliederten Konsolen: Richard Kuöhl schuf dort zwei Kinder, die auf einem sitzenden Panther reiten, wohl eine Anspielung auf mittelalterliche Wasserspeier.

Am ***Holstentorplatz*** wurde 1926 – gedacht zur Feier von 700 Jahren Reichsfreiheit – eine Festhalle errichtet, die jetzt nach Umbauten im Inneren von der Musikhochschule genutzt wird. Es ist ein langgezogenes Gebäude, Holzbinder tragen das Spitzdach, das größtenteils von der hohen Fensterfassade verdeckt wird. Nur die schmalen Flächen an den Seiten geben den Blick auf die Traufe frei. Mittig ein vorgesetzter Eingangsbereich mit vier Toröffnungen unter Rundbögen. Darüber ein Fries aus einer Reihung stark stilisierter lübscher Adler. Die nur von zahlreichen waagerechten Holmen gegliederten Fenster betonen zusätzlich die Horizontale.

Das gleiche gilt für die kräftigen Gesimse an den Giebelseiten: Sie gliedern die Fassade in vier Stufen und schaffe so eine Annäherung an einen Treppengiebel. Die kunstvolle Klinkersetzung in den Wandflächen ist bemerkenswert. Dem Giebel vorgelagert ein geschwungener Erker, der an eine Apsis erinnert, gegliedert durch flache Lisenen, die jeweils die Fenster begrenzen. Die kleineren Fenster an den Seiten schließen nach oben in Rundbögen, die auf Gesimsen aufsitzen.

Weiterhin ist hier der 1923 aus der Sozialdemokratie heraus gegründete ‚Bauverein Selbsthilfe' zu nennen, der besonders der Arbeiterschaft angemessenen und bezahlbaren Wohnraum auf Basis einer Genossenschaft schaffen wollte. Das Gelände „**Auf der Kahlhorst**," zwischen dem damaligen

Krankenhaus Süd und der Bahnstrecke nach Bad Kleinen gelegen, nahm nun einen eigenen Stadtteil auf mit mehrgeschossigen Mietshäusern und Reihen von Doppelhäusern bzw. Vierfachhäusern. Auch hier wurden die Fassaden immer wieder aufgelockert: Die Fensterreihen werden durch Simsbänder hervorgehoben, Treppenhäuser sind zu Risaliten ausgebildet, die Eingangstüren teils durch gewinkelte und verputzte Türstürze, an anderer Stelle durch Vordächer herausgehoben und seitlich durch Ziersetzungen der Klinker besonders gestaltet. Die Dächer werde durch Dachaufbauten gegliedert. Viele Wohnbauten sind mit Runddächern versehen, die das Dachgeschoß vergrößern. Auch in der Siedlung Gärtnergasse war der Bauverein tätig. Die dort errichteten Siedlungshäuser zeichnen sich ebenfalls durch ihre runde Dachform aus, eine Bohlenbinderkonstruktion, die eine bessere Nutzung des Dachraums ermöglichte.

## 3. *Neue Sachlichkeit*

Nicht alles, was in diesen Zeiten des Umbruchs aus der Suche nach einer neuen Ausdrucksform in der Architektur entstanden ist, läßt sich dem Expressionismus zuordnen. Das Bauhaus wurde bereits erwähnt, andere Bauwerke werden gern unter der Sammelbezeichnung ‚neue Sachlichkeit' zusammengefaßt. Auch dafür haben wir in Lübeck einige Beispiele, die auch dem Backsteinbau zugutegekommen sind. Neben der expressionistischen Wohnbebauung im bereits erwähnten Bezirk „Auf der Kahlhorst" entstand dort auch ein durch und durch puristischer Komplex, der Friedrich-Ebert-Hof, der um ein Gemeinschaftshaus (Hansa-Hof) herum gebaut wurde. Hier ist von Fassadenschmuck oder -gestaltung nichts zu sehen, die Baukörper gleichen funktionalen Kuben, die Balkone sind nur durch den dunkleren Klinker optisch abgesetzt. Einzig dadurch, daß die Treppenhäuser etwas zurückgesetzt sind, wird eine Eintönigkeit der Flucht zur Straße Friedrich-Ebert-Hof hin vermieden. Seitlich wirkt der Komplex wesentlich aufgelockerter, ohne doch die Kubenform zu verlassen.

Als seinerzeit modernster Schulbau in Deutschland galt die Klosterhofschule, ebenfalls ein Klinkerverkleideter Baukomplex in besonderer Gestaltung: Der Mittelteil die dreigeschossig, wobei das oberste weit zurückspringt. Die Einzelfenster schließen sich dennoch zu einer zusammenhängenden Reihe zusammen. Halbrunde Treppentürme schließen sich seitlich an, mit je einer Kuppel versehen. Senkrechte Fensterbänder belichten den Treppenraum, unter den Kuppeln ein breiter Fries, mit

vorspringenden Klinkersteinen lebhaft gestaltet. Seitlich sind weitere Gebäudetrakte angefügt.

Erwähnt werde sollen jedenfalls noch zwei andere Bauwerke verschiedener Architekten, die man im weiteren Sinne ebenfalls dem Heimatschutzstil zurechnen kann: die beiden Bahnhöfe in Travemünde, wobei der Strandbahnhof auch Elemente des Jugendstiles aufweist.

## 4. *Bauten des „Dritten Reiches“*

Einen kurzen Blick wollen wir noch auf die Bautätigkeit in den Jahren 1933 bis 1945 werfen. Von ideologisch geprägten pompösen Bauwerken der NS-Diktatur ist Lübeck verschont geblieben, die wenigen Backsteinbauten aus dieser Zeit haben eher Anschluß an den Heimatschutzstil gesucht. Überhaupt blieb die Bautätigkeit gering, im Wohnungsbau wurde aus ideologischen Gründen der ***Siedlungsbau*** bevorzugt.

An öffentlichen Gebäuden ist vor allem die ehemalige ***Reichsbank*** am Holstentorplatz zu erwähnen. Bei ihrer Planung wurde sehr auf die Nachbarschaft mit Holstentor, Marienkirche und Salzspeicher geachtet. So entstand ein Klinkerbau von 15 Fensterachsen zum Platz hin, wobei die mittleren neun Achsen, die die hohe Schalterhalle im Inneren belichten, durch

eine über zwei Geschosse hinwegführende Rahmung aus Kalkstein hervorgehoben sind. Ein abgewalmtes Dach schließt den schlichten Bau nach oben ab. Einzig der Eingang an der östlichen Schmalseite ist durch einen neoklassizistisch wirkenden Vorbau hervorgehoben: drei Säulen auf einem hohen Podest tragen Rundbögen mit figürlich gestalteten Kapitellen aus Kalkstein. Ein ehemals dort vorhandener Reichsadler wurde nach 1945 entfernt.

Einziger Kirchneubau aus dieser Zeit ist die ***Lutherkirche*** in der Moislinger Allee – ein wuchtiger Ziegelbau mit einem über den Turm hinweg weit nach Osten hinausragenden Kirchenschiff. Der Turm selbst zeigt zur Straße hin eine hohe Öffnung unter einem Rundbogen, in dem die Glocken frei sichtbar hängen. Auf seinem Flachdach sitzt zurückgesetzt ein Giebelbau. Turmseiten wie die hohe Westfront der Kirchenhalle sind von hohen Rechtecken für Schallöffnungen bzw. für die Fenster beherrscht.

Seitlich angebaut sind Gemeindehaus im Westen und Pfarrhaus im Osten, zu dem ein gedeckter Gang entlang des Kirchenschiffs führt. Dem Bau ist anzusehen, daß die damaligen Bauherren den Deutschen Christen angehörten und damit dem Nationalsozialismus nahestanden. Es ist wohl nicht nur dem Straßenverlauf geschuldet, daß die Kirche „genordet" ist – der Altarraum also nicht nach Osten weist. Am deutlichsten erkennbar wird es dann an der 1937 neben dem Portal aufgestellten Luther-Skulptur aus Muschelkalk, die einen heroische Reformator darstellt. Auch ihr Schöpfer Fritz Behn war überzeugter Nationalsozialist.

1941 wurden in der Stadt mehrere ***Hochbunker*** errichtet, einer davon steht am Mühlentorplatz. Er ist ein ziegelsichtig gestalteter runder Turm in Anlehnung an einen der Doppeltürme des 1550 errichteten und 1662 abgerissenen äußeren Mühlentors. Dafür wurde Backsteine in Klosterformat verwendet. Die Fensteröffnungen wurden erst nach dem Krieg durchgebrochen, erhalten blieben nur einige der ursprünglichen Lüftungsluken.

# H. Nach 1945: Der Backstein überlebt

## 1. *Die Nachkriegsjahre – die neue Schlichtheit*

Am 2. Mai 1945 marschierten alliierte Truppen in Lübeck ein, sechs Tage später endete der zweite Weltkrieg. Das Gesicht der Stadt aber hatte sich durch diesen Krieg völlig verändert, weite Teile der historischen Altstadt lagen in Trümmern, mehr als eintausend Gebäude in Lübeck waren durch Bombenangriffe zerstört oder doch unbewohnbar geworden. Hinzu kamen unzählige Flüchtlinge aus den Ostgebieten, die Einwohnerzahl wuchs von Ende 1943 bis Anfang 1946 um 50.000. Viele lebten in provisorischen Barackenlagern. Ein rascher Wiederaufbau war das Gebot der Stunde, trotz vielfach fehlendem Baumaterial. Für aufwändige Fassadengestaltung blieb kaum Zeit und Geld. So entstanden in den ersten Nachkriegsjahrzehnten nicht nur neue Stadtviertel, auch die Innenstadt mußte neu gestaltet werden. Schlichtheit war angesagt.

Es war aber auch die Stunde der Planer. Das alte Gründungsviertel lag in Trümmern, weite Flächen zwischen Marienkirche und Klingenberg waren leer geworden. Nun sollte Schluß sein mit der engen Bebauung auf mittelalterlichen Grundrissen. Straßenräume sollten breiter angelegt und zu Verkehrsachsen werden, der Markt zugunsten des Kohlmarktes

*Die inzwischen abgerissene Bebauung des Gründungsviertels*

verkleinert. Zwischen Braunstraße und Mengstraße wurde auf die überkommende Parzellenstruktur völlig verzichtet, Schul- und Wohnungsbauten standen nun frei im Raum, ‚Licht, Luft und Sonne' war auch hier das Motto.

Westlich der Petrikirche wurden überproportionierte Bauten hingestellt: 1956 wurde die Schwimmhalle in der Schmiedestraße errichtet, zehn Jahre später der große Erweiterungsbau der Gewerbeschule. Und unmittelbar hinter dem Chor der Petrikirche das mehrstöckige Parkhaus, das bis zur Marlesgrube reicht. Dort, wo an der Randbebauung festgehal-

ten wurde, sollte weiten Innenhöfe den gleichen Zweck erfüllen, als Parkraum für die Geschäfte und Anwohner. Und was hier und da noch stehengeblieben ist an historischen Resten, wird oft gnadenlos abgeräumt.

Und was ist jetzt mit Backstein und Ziegel? Sie unterliegen einem auffälligen Wandel: Jahrhundertlang waren sie praktisch das einzige Baumaterial der Stadt, bildeten das eigentliche Gehäuse, auch wenn sie zeitweise unter dem Putz verschwanden. Schon mit Beginn der Industrialisierung Mitte des 19. Jahrhunderts übernahmen auch andere Materialien diese Aufgabe. Stahlgerüste stützen die Bauten, Beton und Kunstsandstein ersetzen die Ziegel, die nun gleichsam selber zum Putz werden als bloße Verblendsteine, nicht überall, aber doch zunehmend häufiger.

Betrachten wir etwa die Lage am Markt. Außer dem Rathaus und dem neogotischen Klotz der Hauptpost waren alle Gebäude zerstört. Bereits 1950 beschloß die Stadt die Erweiterung des Kohlmarktes auf eine Breite

von 20 Meter. Der verschwundene Südriegel wurde also im November 1954 auf der ehemals zum Marktplatz Fläche errichtet, ein langgestreckter Ziegelbau mit nur einem Obergeschoß und mit einer einheitlichen Fensterfront. Dem Erdgeschoß ist ein Säulengang vorgelegt, um noch mehr Raum zu gewinnen. Der vollkommen schmucklose Ostriegel folgte nur wenige Monate später. Er präsentiert sich als reiner Ziegelbau, wenigstens optisch. Mit seinen drei Geschosse ist er höher, um sich der Neuen Kammer des Rathauses anzupassen.

Um die Gestaltung des Nordriegels wurde bis Ende 1955 gerungen. Er sollte einen Teil der Verwaltung aufnehmen, sich aber dem Rathaus unterordnen. Auch hier entschied sich die Bürgerschaft letztlich für Betonfachwerk, das allerdings – in Anlehnung an die Renaissancelaube – mit Sandstein verkleidet wurde. Und auch hier beschränkt sich die Ziegelsichtigkeit auf die Gefache. Ein säulengestützter Durchgang führt in den neugestalteten, dahinter liegenden Rathaushof. Bemerkenswert, daß schon damals eine größere Gruppe in der Bürgerschaft diesen quergelagerten Bau ablehnte und eine Bebauung mit Einzelgiebeln forderte.

Die größte Bautätigkeit der Stadt betraf die Schaffung neuer Schulen in den Vorstädten. Viele von ihnen erhielten eine Ziegelverblendung, doch sie wurden nach einigen Jahrzehnten bereits oft zum Sanierungsfall und wurden entweder durch Neubauten ersetzt oder erhielten ein anderes – verputztes – Aussehen. Auch die Gründung neuer Kirchengemeinden in den wachsenden Außengebieten der Stadt erschien notwendig. Als erste wurde die St. Thomas-Gemeinde aus St. Gertrud ausgepfarrt als eigenständige Gemeinde für die Stadtteile Marli, Brandenbaum und Eichholz. 1951 wurde dann die St. Thomaskirche an der Marlistraße eingeweiht, erster Kirchenneubau nach dem zweiten Weltkrieg. Es ist ein schlichter Saalbau unter einem Satteldach, das von Holzbindern getragen wird. Ein kleiner Dachreiter sitze über dem Altarbereich, der sich nach außen durch ein bunt verglastes Rundfenster öffnet. Ein über Stufen erreichbarer überdachter Eingang an der Nordseite wird inzwischen durch einen Anbau im Westen ersetzt.

## 2. *Auf dem Weg in neue Zeiten.*

Längst nicht alles, was in den vergangenen Jahrzehnten in Lübeck gebaut wurde, kann man als gelungen betrachten, auch wenn es mit rotem Ziegelwerk verblendet wurde. Doch hier geht es ja nicht um Architekturkritik, sondern um einige Beispiele, wie auch heute noch dieses uralte Baumaterial – wenigstens als äußeres Kleid von anderen – in Ehren gehalten wird. Blicken wir auf den Wohnungsbau, so hat sich in den meisten Fälle in der äußeren Gestalt wenig geändert gegenüber den Nachkriegsbauten, auch wenn die Wohnblöcke höher, die Fenster größer und die Wohnungen geräumiger geworden sind.

Neu ist vor allem, daß manche nun Flachdächer tragen und daß auch Hochhäuser ziegelsichtig gebaut wurden. Experimentiert wurde eher bei speziellen Bauten, die ja oft auch stadtbildprägend sein sollten.

Wir wollen mit den Kirchen beginnen. Die neuen, ausgedehnten Stadtviertel wollten die Verantwortlichen in den Kirchenämtern auch mit Gotteshäusern möglichst in der Nachbarschaft versorgen. Damals flossen die Gelder noch reichlich (daß heute so manche Kirche bereits wieder aufgegeben und teils sogar abgerissen wurde, steht auf einem anderen Blatt). Zwei Backstein-Kirchen wollen wir herausgreifen; die eine steht ganz am Anfang des kirchlichen Baubooms, die andere ist der letzte noch errichtete Bau für das große Stadtquartier ‚Buntekuh', wo es lange Zeit nur ein Gemeindezentrum mit einem Mehrzwecksaal gegeben hatte.

Die ***St. Philippuskirche*** sollte die großgewordene Thomasgemeinde entlasten. Sie steht ziemlich am Rande der Bebauung im Stadtbezirk Brandenbaum, die Nutzung weiterer Flächen wird erst jetzt verwirklicht. Es ist das erste Mal, daß der beauftragte Architekt sich in Lübeck an eine neue Form wagte. Traditionell ist zwar noch ein langgestreckter Bau unter einem Satteldach, doch er steigt zum Chorraum hin kontinuierlich an und endet mit einem Dachreiter, der eine hohe, oval geformte Kugel trägt, die wiederum mit einem ebenfalls hohen Kreuz abschließt. Der eigentliche Altarraum ist in Form einer weichgerundeten Apsis angebaut, als Fenster dienen trapezförmige Öffnungen an beiden Seiten, durch Backsteinstäbe geformt. Die Fenster des Kirchenschiffs an der Westseite sind kreisrund und gliedern die Wandflächen. Die weich geschwungenen Wände des Chorraums nimmt auch ein seitlicher östlicher Anbau auf, in dem sich die Orgel befindet. Nicht die gesamte Länge gehört dem eigentlichen Gottesdienstraum, jenseits der Eingangstür befindet sich ein Gemeindesaal mit Nebenräumen, erstmalig Lübeck sind hier zwei Bauten unter einem Dach vereinigt. 1957 wurde die Kirche geweiht, später kamen noch Pastorenhäuser hinzu.

Lübecks jüngster und wohl auf lange Sicht hin letzter Kirchbau von 1984 liegt auf dem Areal an der Karavellenstraße neben dem vorher auch als Kirchsaal dienenden Haus der Begegnung und Wohnhäusern für Pastoren und Küster: die ***Bugenhagenkirche***. Auch sie ist ein Ziegelbau mit einem freistehenden, sich verjüngenden hohen Glockenturm. Die Gestaltung des Gottesdienstraumes ist hier genau umgekehrt als bei St. Philippus: Er hat ebenso ein geneigtes Dach, das sich aber zum Altarbereich hin absenkt. Die nur von wenigen Fensteröffnungen durchbrochene Mauer ist durchgehend verklinkert, nur oberhalb des Eingangsbereiches wird der Raum durch ein breites Oberlicht erhellt. Seitlich ausschwingend und leicht erhöht ist Raum für die Orgel und einen Chor.

Ebenfalls ein auffälliger Ziegelbau ist die städtische ***Kindertagesstätte*** im Wohngebiet ***‚Roter Löwe'***, die auch selbst diesen Namen trägt. Der 1993 errichtete Bau ist zweistöckig und steht an einer Straßenecke. Je zwei kubische Gebäudeteile wenden sich einer der beiden Straßen zu, die Spitze ist als offener Eingangsbereich ausgebildet, der unter einem gläsernen Spitzdach liegt und dem Bau eine gewisse Leichtigkeit verleiht, während sich zu den Straßen hin nur relativ kleine Fester öffnen.

Einen besonderen Büroturm hat sich das ***Drägerwerk*** an der Moislinger Allee errichten lassen, der nun ein interessantes Ensemble aus den verschiedenen Jahrzehnten ergänzt. Im Hintergrund eine Villa im Heimatstil, linker Hand ein erster Bau aus den 80er Jahren des letzten Jahrhunderts, ein für diese Zeit typischer und nichtssagender Kubus. Nicht mehr im Bild, schließt sich zur rechten Hand das von Carl Mühlenpfordt entworfene und oben schon erwähnte Verwaltungsgebäude an, dessen Backsteinarchitektur nun abgewandelt aufgenommen wird. Die Fassade des Neubaus ist im Grunde nur eine Art Gitterkonstruktion aus zahlreichen Betonstützen, die mit spitz nach vorne zulaufenden Ziegeln verkleidet wurden. Die dazwischen liegenden Felder werden vollständig vom Glas der Fenster ausgefüllt. Zur Straße hin hat der Bau acht, seitlich nur sechs

Geschosse. Auf den neugeschaffenen Vorplatz zu bilden die beiden unteren Geschosse eine hohe Kolonnade, hinter der sich das ebenfalls zweistöckige Foyer befindet. Interessant auch die Fensterstellung der beiden Obergeschosse: Sie sind im unteren leicht, im oberen stärker geknickt und nehmen der Fassade damit etwas von ihrer Strenge.

Nicht weit von hier, in der Straße ***Am Finkenberg***, hat sich in unseren Tagen in die Zeile der Stadthäuser aus den 1910 bis 1920er Jahren ein Neubau aus einem Doppelgiebelhaus gestellt, der durch seine sonst völlig schlichte Fassade aus violett gebranntem Klinker heraussticht, aber doch das Motiv der Lübecker Backsteingiebelhäuser sehr modern variiert.

Um Giebelhäuser geht es auch bei dem umfangreichen und ambitionierten Versuch, das historische ***Gründerviertel*** mit seiner kleinteiligen Parzellenstruktur nach Vorgaben der UNESCO wieder auferstehen zu lassen, zwar ohne Imitation des Verlorenen, wohl aber mit Anspielungen auf vergangene Formen. Unter diesen sehr unterschiedlich gestalteten Fassaden sei auf das Haus ***Fischstraße 18*** verwiesen: Hier gibt es weder eine besondere Betonung des durchaus vorhandenen hohen Dielengeschosses noch den traditionellen Treppengiebel, sondern eher eine Erinnerung

an barocke Fassaden. Dennoch besticht das Haus durch sein Bekenntnis zum Backstein und seine klare, der Moderne verpflichtete Formgebung. Es ist der halbrunde Kreisbogen, der das Aussehen bestimmt: Einerseits über den bodenhohen Fenstern der drei Obergeschosse, dann aber auch als hängender Bogen über dem Giebelfenster. Die geschwungenen Linien der Giebelkanten schreiben diese Grundform noch einmal fort. An alte Handwerkskunst mittelalterlicher Prägung erinnern die gemauerten Rundbögen.

## Vom gleichen Verfasser: Fünf Bücher über Lübeck:

**_Eckhard Lange: Lübeck ausgeplaudert_**
Taschenbuch: ISBN 978-3-7541-166 (268 Seiten, € 9,99)
ebook: ISBN 978-3-7531-89666 (273 Seiten, € 3,99)

Geschichte will erzählt sein, wenn sie lebendig werden soll. Nüchterne Zahlen, bloße Fakten – das würde uns diese Stadt nicht näherbringen. Also werden hier die fast neunhundert Jahre, die Lübeck nun schon auf dem Buckel hat, im Plauderton aus der Vergangenheit geholt.

**_Eckhard Lange: Die Faehlings, eine Lübecker Familie. Roman einer mittelalterlichen Stadt_**
Taschenbuch: ISBN 978-3-748512-87-5 (782 Seiten, € 18,99)
e-book: ISBN 978-3-7380-8204-3 (577 Seiten, € 5,49)

Vier Jahrhunderte Stadtgeschichte hat die Familie Faehling mitgestaltet oder auch mitdurchlitten. Auch wenn es sie nie wirklich gegeben hat: Sie macht die Vergangenheit lebendig. All die Menschen aber, die ihnen dabei begegnen – sie haben wirklich gelebt.

***Eckhard Lange: Lübeck ganz in Grün – ein Wegbegleiter durch 50 Parks und Grünanlagen***
Taschenbuch: ISBN 978 3795 052621 (128 Seiten, € 12,90)

Es soll kein botanisches Fachbuch sein, sondern ein „grüner" Wanderführer für Naturfreunde und Erholungssuchende mit zahlreichen Bildern zugleich von manchem Kunstwerk, das dort anzutreffen ist. Aber auch die oft reizvolle Geschichte dieser grünen Oasen wird erzählt.

***Eckhard Lange: Lübecks Friedhöfe – Geschichte, Grabmäler, Grünanlagen***
Taschenbuch: ISBN 978 3795 052706 (160 Seiten, € 16,80)

Friedhöfe sind zunächst einmal Orte der Trauer, Orte zum Abschiednehmen und zum Gedenken an Verstorbene. Aber wir finden auf ihnen zugleich Denkmäler und Mahnmale, die nicht nur künstlerisch bedeutsam sind, sondern die uns viel über vergangene Zeiten erzählen. Und viele dieser Friedhöfe sind zugleich Parklandschaften, die manche botanische Kostbarkeit beherbergen.

***Eckhard Lange: 800 Jahre Kunst am Bau in Lübeck***
Taschenbuch: ISBN 978 3 7950 5272 0 (128 Seiten, € 13,80)

Seit Lübeck ein steinernes Antlitz bekommen hat, haben seine Einwohner ihre Stadt auch mit allerlei Schmückendem versehen, allen voran Kirchen, Rathaus und Tore, aber auch so manches Bürgerhaus. Seit acht Jahrhunderten gibt es also Kunst, die sichtbar die Fassaden ziert. Ihre Gestalt, ihre vielfältigen Formen wechselten, wie es die gerade gültigen Baustile vorgaben, der Wille, Kunst mit dem nur Nützlichen zu verbinden, blieb.